AF261763

EXPOSÉ

DE PREUVES.

EXPOSÉ DE PREUVES

RELATIVES

A L'ORIGINE ET AUX DROITS HONORIFIQUES

DE LA MAISON

DES SEIGNEURS D'ASNIÈRES,

EN SAINTONGE,

ET MARQUIS DE LA CHATAIGNERAYE,

BRANCHE PUINÉE

DES PRINCES OU SIRES DE PONS,

ANCIENS HAUTS BARONS DU ROYAUME,

ET LES REPRÉSENTANT SEULE AUJOURD'HUI.

FAISANT SUITE A LA GÉNÉALOGIE IMPRIMÉE TOME IV DE L'HISTOIRE HERALDIQUE, PUBLIÉE PAR M. LE CHEV^{er} DE COURCELLES, GÉNÉALOGISTE HONORAIRE DU ROI.

PARIS,

DE L'IMPRIMERIE DE PLASSAN, RUE DE VAUGIRARD, N° 15, DERRIÈRE L'ODÉON.

1827.

AVERTISSEMENT.

Si le nouvel état de la société ne permet guère d'espérer qu'un intérêt politique s'attache aujourd'hui à ce qui concerne les grands noms de l'ancienne monarchie, il existe du moins assez de personnes convaincues que le présent isolé du passé étant un édifice sans base, l'héritage moral des ancêtres a bien quelque valeur intrinsèque, pour que les motifs d'une publication héraldique puissent encore être appréciés ; c'est donc à l'honorable classe d'hommes dont il vient d'être parlé que s'adresse le Mémoire suivant, qui s'expliquera de lui-même, et sur lequel pourtant nous sentons le besoin d'appeler une indulgence, nécessitée par la sécheresse de la matière, les difficultés de plusieurs sortes qu'elle a dû nous opposer, et surtout le peu d'attrait qu'offrent généralement les particularités domestiques ; à l'égard de ceux que telle ou telle raison spéciale déterminerait à s'en occuper, nous ne leur demandons qu'une grâce, c'est de mettre à son examen la conscience logique dont nous croyons avoir fait preuve, tant par rapport à la discussion qu'aux divers textes qui l'appuient, et de le regarder comme de bon aloi, jusqu'à ce que la lime ait réellement su mordre, c'est-à-dire, sans figure, jusqu'à ce que des principes ou des exemples contraires, s'il en existe, soient parvenus à l'infirmer.

Pour ce qui concerne les lieux communs qu'on pourrait débiter sur la question, les jugements intéressés, et les couleurs fantastiques dont le prisme mouvant des cercles aime quelquefois à revêtir les objets ; il semble d'autant moins nécessaire de s'y arrêter sérieusement, que la saine partie du public ne se montrera pas disposée, sans doute, à leur accorder plus d'importance que, le cas échéant, nous ne leur en accorderons nous-mêmes. C'est par ce motif que nous bornerons là nos observations, moins confiants, au surplus, en nos lumières privées, qu'en celles qui jaillissent des faits certains et des nombreux écrits dont le travail susdit n'est presque rien qu'un résumé.

Nota. Le premier exemplaire de ce Mémoire a été adressé au Roi, le second déposé au parquet de M. le Procureur-Général près la cour royale de Paris.

AU ROI.

SIRE,

Aussitôt que nous eûmes acquis la certitude légale qu'en 1780, la maison dont nous sommes un des chefs, avait été reconnue au cabinet du Saint-Esprit, comme branche puînée des princes ou sires de Pons, anciens *barons du royaume*, (feudataires immédiats de la couronne), notre première pensée fut de porter le fait à la connaissance de *Votre Majesté*, de réclamer son agrément à l'égard des avantages qu'il nous assurait, et de les concilier ainsi avec les devoirs de notre position actuelle.

C'est ce dont nous nous sommes acquittés au moyen de la requête que, préalablement à toutes choses, nous avons eu l'honneur de lui adresser le 2 juillet 1825, et que par une apostille de sa main, elle a eu l'extrême bienveilla nce de renvoyer à son ministre de la justice.

Le second objet de nos soins devait tendre naturellement à donner toute la publicité désirable à la précédente décision déjà contenue dans le IVe volume de la nouvelle histoire généalogique que *Votre Majesté* a bien voulu honorer de sa souscription ; c'est pourquoi nous saisîmes avec empressement l'occasion que nous en présenta le susdit renvoi, par suite duquel l'examen de la cause avait été confié à la commission du sceau.

Une demande tendant à obtenir par lettres *ad hoc*, la recognition de notre descendance d'abord, puis de la *qualité* y afférente, fut dès-lors présentée en notre nom, appuyée des pièces nécessaires, et notamment des *preuves* mêmes auxquelles notre propre ligne avait dû les honneurs de la cour. Ces *preuves* contenaient avec celles de l'origine, un jugement spécial ; aussi conçûmes-nous l'espoir qu'après la simple vérification qu'elles semblaient exiger, leur témoignage déterminerait un avis conforme à nos conclusions motivées.

Il n'en fut pas ainsi ; une déclaration d'incompétence sur *la question d'état* qui, chose singulière, n'était pas l'objet de l'instance, devint, accompagnée d'un renvoi facultatif par-devant l'autorité judiciaire, le résultat d'une instruction prolongée jusqu'au 9 mars 1826.

Ayant considéré, cependant, que les tribunaux ne pouvaient en connaître, puisqu'il n'existait ni ne devait exister aucun débat contradictoire, et surtout que ladite *question d'état* était déjà *jugée souverainement,* nous fûmes contraints de subir la nécesssité qu'on nous imposait, et de chercher d'autres moyens de satisfaire à nos obligations tant envers nous-mêmes qu'envers nos successeurs.

Votre Majesté, sire, appréciera ces obligations qui, tout aussi légères qu'on veuille les supposer aujourd'hui, le sont d'autant moins toutefois, que, pour ainsi parler, les fils aînés de la monarchie ont éprouvé plus de disgrâces, et s'il en était besoin, y trouvera les raisons justificatives de l'acte ci-contre, que nous prenons la liberté de mettre sous ses yeux joint à l'exposé qui le suit.

Elle sera surtout persuadée que si l'insuffisance de la législation sur la matière, ou peut-être quelque motif d'un autre ordre, n'eût pas comme écarté loin de son trône le vœu que nous avions émis, et dont l'accomplissement, plus flatteur qu'indispensable au droit, ne restera pas sans doute indéfiniment ajourné, nous eussions du moins attendu que l'auguste successeur du saint justicier de Vincennes eût bien voulu se prononcer.

Je suis avec un profond respect,

Sire,

de Votre Majesté,

Le très-humble et très-obéissant
serviteur et sujet.

Signé PRINCE DE PONS,
marquis de la Châtaigneraye.

Par is, ce   1827.

EXPOSÉ DE PREUVES

RELATIVES

A L'ORIGINE ET AUX DROITS HONORIFIQUES

DE LA MAISON

DES SEIGNEURS D'ASNIÈRES,

EN SAINTONGE,

ET MARQUIS DE LA CHATAIGNERAYE (1).

DÉCLARATION.

Nous soussignés, considérant que la législation actuelle ne nous offre aucun moyen d'obtenir par lettres patentes, ou de telle autre manière, comme cela se pratiquait autrefois, la recognition de notre descendance masculine des anciens princes ou sires de Pons, vicomtes de Turenne et de Carlat, comtes de Blaye, princes de Mortagne-sur-Gironde, etc. , effectuée vers le milieu du XIIe siècle, et déjà légalement prouvée, comme aussi la confirmation des avantages qui en découlent.

Qu'il nous importe néanmoins de manifester des droits existants :

Déclarons par les présentes, à tous ceux qui doivent en connaî-

---

(1) *Asnières* : ancien fief et bourg de Saintonge, avec château, situé non loin de la ville de Pons. Cette seigneurie fut dans l'origine le principal apanage de notre ligne, qui la conserva jusqu'au dix-septième siècle, où, par un mariage, elle passa dans la maison de Lage-Volude.

La Châtaigneraye : ville et terre de Poitou, qui, jointe à une baronnie et cinq autres châtellenies, fut érigée en marquisat pour la branche dont nous sommes chef. Les lettres en ont été registrées au parlement de Paris.

tre, que nous avons repris, ès qualités qu'il procède, non-seulement le *nom* et les *pleines armes* des sires de Pons, représentés aujourd'hui par notre maison seule; mais encore, et *par définition d'état*, la qualité générique de *prince*, qui leur ayant toujours appartenu, nous appartient conséquemment;

Les raisons justificatives de ce qui précède sont :

1°. Que nos *preuves de cour* dressées sur *titres* en 1780, au cabinet du Saint-Esprit, *juge souverain* en matière généalogique, contiennent une reconnaissance formelle de notre susdite extraction, indépendamment des actes mêmes qui la justifient.

2°. Que, d'abord, les sires de Pons, dont la puissance territoriale fut toujours fort étendue, étaient *princes*, soit comme *seigneurs souverains*, soit comme *barons du royaume* (feudataires immédiats de la couronne), attendu que ces derniers, égaux entre eux (pairs), jouissaient de la *souveraineté*, et, bien que ducs, comtes, vicomtes ou sires, avaient tous, génériquement parlant, la susdite qualité de *prince;* ensuite que les branches cadettes succèdent à leurs aînés défaillis, et quand leur souche est ou a été souveraine, ont droit, surtout, à la même qualité *princière* qu'elle.

3°. Enfin, que les deux faits principaux dont nous arguons, ont déjà été consacrés par un précédent célèbre. On peut se rappeler, en effet, qu'en 1757, il a été jugé que la maison de Rohan avait droit à la qualité de *prince de race*, attendu sa descendance des comtes de Porrhoët, *connus*, dit l'acte, *comme souverains* dans la Bretagne, et que, dès l'époque où le titre de *prince* devint plus particulièrement caractéristique d'une extraction souveraine (règne de Louis XII), elle le substitua *jure proprio*, à celui de vicomte que ses membres avaient porté jusqu'alors.

À l'égard de chacune de ces assertions en particulier, nous sommes prêts à en exhiber les preuves à la première sommation juridique, en déclinant toutefois, ce qui tendrait à remettre *sub judice* une *question d'état* déjà résolue par qui de droit. *Non bis in idem.*

Fait et signé par nous à telle fin que de raison.

Signé ut suprà.

DISCUSSION.

L'acte qu'on vient de lire ne contient et ne pouvait contenir que le simple exposé des faits ; il s'agit maintenant d'en déduire les preuves d'autant plus nécessaires, qu'en aucun temps, et peut-être dans aucun autre pays que le nôtre, on n'a vu prendre plus de licence à l'égard des noms ou des titres. Pour arriver à ce but, nous diviserons la matière conformément à l'ordre ci-dessus indiqué, c'est-à-dire qu'elle sera classée en trois sections, dont l'une témoignera de l'origine, l'autre, naturellement subdivisée en deux propositions, montrera à quel titre la qualité de prince nous appartient, et la dernière offrira l'historique d'un grave précédent, ou, en d'autres termes, de ce qui s'est fait en 1757, relativement à la maison de Rohan.

Un supplément suivi de plusieurs notes essentielles à consulter, et de pièces justificatives, contiendra enfin notre réponse à quelques objections.

PREMIÈRE SECTION.

PREUVES SPÉCIALES DE L'ORIGINE.

On sait que pour être admis à monter dans les carrosses du roi, il était jadis nécessaire de déposer au cabinet des ordres, *aliàs* du Saint-Esprit, des actes originaux propres à établir une filiation suivie depuis un certain temps ; que le généalogiste en titre d'office, chef de ce cabinet, vérifiait ces productions, en faisait le dépouillement, et de leur ensemble composait un travail officiel vulgairement appelé *extrait généalogique* ou *preuves de cour*, qui renfermait la substance des pièces et souvent même leur texte ; enfin que l'autorité de ce travail était d'autant plus grande, fût-il ou non favorable au requérant, que le roi lui-même, sauf les exceptions de grâce, n'accordait ou ne refusait les honneurs de sa cour qu'en vertu de ce qu'il contenait (1).

---

(1) Les fonctions du généalogiste des ordres étaient relatives au roi et à ses ministres, sans que dans l'ordre public il fût assermenté dans aucune cour, ni

Il est également notoire que nous avons rempli ces formalités en 1780, par-devant M. Chérin père, généalogiste des ordres ; que le travail en question a été dressé conformément aux règles voulues, et qu'en ayant recueilli le bénéfice en montant dans les carrosses de Sa Majesté, il a acquis *force de chose jugée*.

Tout se réduit dès-lors à manifester la vérité de ce que nous avons avancé, savoir que nos *preuves de cour* (1) contiennent non-seulement la reconnaissance de notre extraction masculine des sires de Pons, mais aussi les actes qui l'ont déterminée.

---

par conséquent dépendît d'aucune juridiction. (Voyez *à la Bibl. une lettre con-fid. adressée le 8 oct. 1778 a M. Cherin, par M. Lambert de Barive.*) Lorsque S. M. avait agréé ses travaux, ils devenaient inattaquables en tant que preuves généalogiques, car, autrement, le roi aurait pu être dans le cas d'improuver, par l'organe de ses cours de justice, une filiation déjà reconnue par ses actes particuliers. Au reste, il ne faut pas confondre le susdit travail, qui ne sortait point du cabinet des ordres, avec le *mémoire* très-abrégé dont il était la base. Celui-ci, destiné à être mis sous les yeux de S. M., était quelquefois délivré à la famille en expédition, mais bien qu'authentique, ne pouvait, au même degré que l'autre, tenir lieu des actes produits.

(1) Tout le monde peut voir cette pièce à la bibliothèque royale (sect. des manusc.), où elle est conservée *en original* avec plusieurs autres de même nature échappées à la destruction du cabinet du Saint-Esprit. Quoi qu'il en soit, son authenticité, et par conséquent celle de son expédition qu'aujourd'hui nous possédons en bonne forme, résultera préalablement, 1° du protocole suivant annexé à cette dernière : « L'an 1824, le 28 janvier, collation des présentes a été faite à la réquisition de M. Jean-Baptiste-François-Auguste, marquis d'Asnières-la-Châtaigneraye, ici présent, fils aîné de feu messire Jean, marquis d'Asnières-la-Châtaigneraye, maréchal-de-camp des armées du roi, chevalier de l'ordre royal et militaire de Saint-Louis, ci-après nommé, par Mᵉ Adrien-Philibert-Gabriel Moisant et son collègue, notaires royaux à Paris, soussignés, sur la *minute originale* à eux représentée par un de MM. les conservateurs à la bibliothèque du Roi, établie à Paris, rue de Richelieu, où lesdits notaires se sont exprès transportés, et où ils ont appris, d'une part, que ladite *minute* avait été dressée au mois de juillet 1780, par M. Chérin, généalogiste des ordres du Roi, sur les *titres* qui lui avaient été déposés par messire Jean, marquis d'Asnières-la-Châtaigneraye, pour servir de preuve à ce dernier de sa haute et ancienne noblesse, à l'effet de le mettre à même de jouir des honneurs de la cour ; et d'autre part, que cette *minute originale* était conservée à la bibliothèque depuis l'époque à laquelle les titres et papiers qui faisaient partie du cabinet de l'ordre du Saint-

Personne n'ignore que les titres justificatifs de la noblesse filia-
tive sont ordinairement des partages, des extraits de naissance ou
de mort, des testaments, des hommages, des échanges, des dona-
tions, etc; nous dirons donc sans préambule, que parmi les actes
de cette nature qui composent les susdites *preuves*, et dont plusieurs portent témoignage du fait en question, comme on le verra
subséquemment, il en est un surtout (c'est l'*hommage-lige* rendu le 26 février 1430, par Séguin, seigneur d'Asnières, l'un de
nos ascendants directs, *au seigneur de Pons*), qui doit d'autant
plus fixer l'attention, que déjà concluant par sa teneur, il présente une circonstance particulière qui lui donne un plus haut degré d'intérêt, et le rend tout-à-fait décisif. Cette circonstance est
que M. Chérin a cru devoir y annexer une note précieuse, ou plutôt un jugement émis en vertu de ses pouvoirs, et dont voici les
propres termes : « Voyez celui de 1384; ces deux actes établissent

---

Esprit, et qui ont échappé à l'incendie, ont été déposés à cette même bibliothèque.

Et a, monsieur le marquis d'Asnières-la-Châtaigneraye, signé avec lesdits notaires, après lecture faite. »

Signé marquis d'Asnières-la-Chataigneraye,
Jonquoy, Moisant.

2°. D'une attestation revêtue du cachet de la bibliothèque du Roi, et qui faisant suite immédiatement à ce qu'on vient de lire, est conçue en ces termes :

« Nous, administrateur de la bibliothèque du Roi, certifions que la copie ci-contre, qui a été faite par les notaires qui l'ont signée, est conforme à la *minute originale* des preuves de noblesse faites en 1780, par-devant M. Chérin, généalogiste
des ordres du Roi, par la maison d'Asnières-la-Châtaigneraye, pour l'obtention
des honneurs de la cour, et que cette *minute originale*, provenant du cabinet de
l'ordre du Saint-Esprit, est conservée à la bibliothèque du Roi. »

Signé Dacier.

3°. De lettres-patentes données au mois de juillet 1787, et registrées en parlement, où se trouvent ces mots : «.... D'après cet exposé..., nous aurions jugé
nécessaire qu'il fût tiré des copies revêtues de formes légales et authentiques de
tous les titres qui auraient rapport à ladite maison d'Asnières..., et dont *les extraits sont demeurés aux archives de notre cabinet* (celui du Saint-Esprit) etc. »
Expressions qui, rapprochées des actes précédents, semblent dispenser de tout
commentaire.

LE PARAGE DE LA MANIÈRE LA MOINS ÉQUIVOQUE. — VOYEZ ENCORE 1460-1482. » (Ce sont aussi des actes d'hommage ou de dénombrement rendus de même au sire de Pons.) (*Voir à la fin, pièces justif., cot. A.*)

Si, en effet, le *parage* et la qualité afférente aux *puînés apanagés* des maisons féodales, avaient toujours été reconnus et l'étaient encore aujourd'hui parmi les jurisconsultes, comme absolument identiques; s'il était non moins certain que l'*hommage* de tout descendant de *parageur* ne pouvait appartenir, à la fin du parage, qu'à l'*aîné* chef de la maison, ou autrement, que nommer le seigneur qui reçoit cet hommage, c'est nommer l'*aîné* de celui qui le rend, il en résulterait invinciblement que nous qui, d'une part, sommes déclarés en termes exprès, avoir été *parageurs*, et qui, de l'autre, rendions en 1384, 1430, 1460 et 1482, au sire de Pons, l'hommage même par lequel cette dernière qualité est établie *de la manière la moins équivoque*, serions une *branche puînée de Pons*, attendu que la preuve *par voie de conséquence forcée*, de tout temps admise dans l'ordre judiciaire (principe bien connu au barreau), l'est *à fortiori* dans l'ordre généalogique.

Or, c'est là précisément ce qui existe, comme on pourra s'en convaincre par les textes suivants, rapportés principalement pour la satisfaction des personnes peu familiarisées avec l'ancien usage des fiefs.

DÉFINITION DU PARAGE. « Les *parageurs, paragers* ou *parageaux*, selon les divers noms que leur donnent les coutumes, sont les *puînés* ou *cadets* que celle de Bretagne appelle *juveigneurs*, qui tiennent leur portion *en parage*. » (*Usance de Saintonge, recueillie par Cosme Béchet, avocat au présidial de Saintes,* édit. de 1663, chap. I, p. 143 et suiv., à la Bibl.)

— « Le *parage* est un droit au moyen duquel une moindre portion du fief est possédée par les *puînés* et leurs descendants, lesquels ne doivent *aucun hommage* à l'aîné qui en tient la plus grande partie, parce que leur *origine est égale*, et qu'ils ont un titre pareil en l'hérédité de leur père ou aïeul, tout autant de temps qu'ils se trouvent dans le degré de généalogie qui a été réglé par la coutume. » (*Ibid.*, chap. II, p. 147.)

— « Quand aucun hons a tenu grand pièce *en parage*, et cil de qui il tient requiers que il li face homage... il li doit monstrer que il ait entre eus deus tel *parage* que leurs enfants ne s'entrepuissent avoir par mariage (1), et s'il ne li puet monstrer le *lignage,* il li fera *homage par droit,* et li sires ne li puet asseoir *qu'un ronçin de service,* pour ce que li fiez *est issu de parage.* » (*Etabl. de Saint-Louis*, chap. XLIV; voir aussi le chap. LXXIV.)

— « Au surplus, le *parage* signifie *parité de naissance* et d'honneur; ainsi le *puîné* qui tenait une terre noble en *parage* de son aîné, la tenait aussi noblement et aussi franchement que si c'eût été l'aîné qui l'eût possédée, c'est-à-dire que l'aîné non-seulement ne pouvait requérir l'*hommage* pour la terre tenue de lui *en parage,* comme on vient de le voir, mais encore qu'il n'avait droit d'exiger aucun relief, ou redevance quelconque de ses puînés, tant qu'ils se trouvaient dans le cas de la prohibition du mariage entre eux et la branche aînée, ainsi que cela est précisément dit dans les 43ᵉ et 70ᵉ chapitres des établissements de Saint-Louis (2). » (Brussel, *Exam. des fiefs*, tom. II, p. 889, édit. de 1640.)

— « *Parage*, c'est comme qui dirait *parentage*; c'est une espèce de dépié ou démembrement de fief qui n'a lieu qu'entre parents. » (*Dict. de droit*, cit. par Trévoux.)

— « Tenir *en parage,* selon Bouteiller, est lorsque l'aîné faisant *partage* à ses *puînés,* leur abandonne une partie de son fief, par exemple le tiers ou moins, suivant que les coutumes ordonnent, car alors les *puînés* tiennent *en parage* de leur aîné, la partie qui leur est échue, par la raison de *parage* et de *succession*, et alors les aînés font les hommages aux chefs-seigneurs pour eux et leurs *puînés,* et les *puînés* tiennent des aînés *par parage sans hommage...* Ces terres, ajoute-t-il, sont dites être *tenues en parage,* parce

---

(1) « Après le septième degré, la parenté était censée finie, l'église ne souffrant pas les alliances par mariage, sinon au-delà du septième. » (Du Cange, *Dissert.* XXIX, p. 333.) Il en faut conclure que le *parage* durait sept générations, hormis dans les coutumes, et la nôtre n'est pas de ce nombre, qui, par exception, avaient réduit ce terme; remarque dont la suite révélera l'importance.

(2) Nous venons de voir par les mêmes établissements que la seule charge à laquelle pouvait être imposé le fief *sorti de parage,* était un *ronçin de service* (ou quelque autre modique devoir), observation essentielle, comme on le verra bientôt.

que, tant l'aîné que les *puînés* sont *paraux en lignage*, c'est-à-dire pareils, égaux et sortis de la même famille. » (Du Cange, *Diss.* III; *voy.* encore Étienne-Pasquier, *Rech. sur l'hist. de France*, tom. Ier, chap. XXXVII; l'*Encyclopédie*, au mot *parage*; le *Dict. de Trévoux*, *ibid.*; Roquefort, *Dict. de la langue romane*; Pothier, du Moulin, Jacquet, avocat au parlement de Paris, *Traité des fiefs*, etc.)

Il s'agit à présent de montrer que le jugement en question, loin d'être isolé (ce qui du reste ne l'affaiblirait en rien), est entouré, au contraire, d'une telle masse de preuves, que le scepticisme le plus absolu pourrait seul en nier l'autorité. Les principales sont au nombre de six, toutes extraites du travail officiel déjà mentionné, et, pour abréger, elles vont nous occuper uniquement.

Preuves a l'appui de la reconnaissance du parage. Sans compter ici une possession long-temps indivise des sires de Pons et des seigneurs d'Asnières, dans leurs terres respectives de Pérignac et de La Chapelle, (*Ext. généal.*, pp. 20 et 21), et du choix assez remarquable qui, vers la fin de 1400, fut fait de Jean II, seigneur d'Asnières, pour être curateur de François II, sire de Pons, (*Nouv. généal. de Pons*, p. 16) (1),

La première de ces preuves (*Extr. généal.*, ou *pièces justif.*, cot. B.), résulte d'une *reprise en augment de fief*, (partage supplémentaire résultant d'un droit personnel), opérée l'an 1235, par Gombaut Ier, seigneur d'Asnières, sur Renaud II, sire de Pons, sans autres féauté (foi) et acapt (légère obligation), que ceux qu'il lui devait pour ses anciens fiefs, nommément celui *de Asneriis*. La raison en est 1° qu'à cette époque, les seuls consanguins mâles avaient droit au partage des fiefs. « *De terrâ vero salicâ nulla portio hœreditatis mulieri veniat, sed ad virilem sexum tota terræ*

----

(1) Cette généalogie, insérée tome **IV** de la *Nouvelle Histoire héraldique* que publie M. de Courcelles, généalogiste honoraire du roi, a été dressée sur les matériaux fournis par M. l'abbé de l'Espine, conservateur aux manuscrits de la bibliothèque royale, et professeur à l'école des chartes. Elle ne contient pas un fait donné pour certain, dont il n'ait eu la preuve sous les yeux; c'est pourquoi nous l'invoquons et l'invoquerons par la suite, avec d'autant plus de confiance, qu'on ne saurait trouver une plus forte garantie que celle qui résulte du caractère et de l'érudition spéciale de l'auteur.

hœreditatis perveniat, » (tit. LXII, art. 6), à moins que la famille ne fût réduite à des femmes, qui, en certaines coutumes, pouvaient alors les recueillir ; 2° que si Gombaut eût acquis ses nouveaux fiefs à tout autre titre que celui de *parageur,* ceux-ci, loin d'être rangés sous les mêmes foi et acapt que les anciens, eussent incontestablement été soumis à quelque charge spéciale, qu'on verrait stipulée dans l'acte.

La seconde a son principe dans la tenue en directe de tous les susdits fiefs, *sans hommage,* prouvée d'abord par l'acte précédent, puisque la *foi,* essentiellement différente de l'*hommage,* s'y trouvant exprimée seule, témoigne déjà, suivant l'axiome, *qui dicit de uno de altero negat,* que l'*hommage* n'était pas dû (1) ; ensuite par l'absence de cet hommage pendant sept générations (durée ordinaire du parage), marquées par un puîné quelconque de Pons, *Pontus de Asneriis,* (*Pièces justif.,* act. orig., cot. C), Gombaut Ier, Guillaume, Gombaut III (2), Hélie et Gombaut IV, c'est-à-dire jusqu'en 1384, date du premier hommage (*Extr. généal.,* pp. 1-12), car ce principe : *nul fief sans hommage* étant absolu, sauf le cas du *parage,* il faut en conclure nécessairement que ne pas devoir l'*hommage,* est la preuve d'un *parage* existant à l'égard du chef-seigneur.

La troisième vient de ce que pendant les sept degrés susdits, nos fiefs ne furent soumis ou plutôt ne nous soumirent qu'à une simple obligation en quelque sorte honorifique pour le supérieur (3), (c'est-à-dire la foi et l'acapt indiqués dans l'acte de 1235),

---

(1) « Il est étonnant que la véritable signification de foi et d'hommage n'ait pas été comprise jusqu'à présent, puisqu'on regarde encore ces deux mots comme ne présentant qu'u ne seule et même idée, au lieu qu'il est vrai de dire que le mot foi sert principalement à exprimer les engagements de la personne... et que, quant au terme d'hommage, il dénote les engagements du vasselage. » (Brussel, *Exam. des fiefs,* tom. Ier, p. 19.)

(2) Gombaut II étant mort avant Guillaume son père, ne compte pas pour un degré dans la tenue en parage. (*Ext. géneal.*) Nous ferons observer que le même extrait justifie les générations de père en fils, comme nous les avons exprimées.

(3) « Cette sorte de tenure (le parage) n'étant sujette à aucun devoir à l'ex- » ception de quelques déférences personnelles dues par les puînés à leurs aînés, » ils sont ainsi pairs en quelque façon,... c'est-à-dire égaux.... *Sunt pares in feu-* » *do,* dit Cujas, *qui feudum tenent jure paragii.* » (Voy. *Dict. de Trév.,* au mot

et qu'après ils durent seulement pour devoir, *deux sous* ou *une anguille*, (*Ext. généal., ou pièces justif.*, cot. A), suivant la règle énoncée dans le texte des établissements rapportés ci-dessus, à l'é-gard des fiefs *sortis de parage*, attendu que tous les autres fiefs devant toujours, comme chacun sait, de véritables prestations plus ou moins onéreuses, ne pas y être sujet est une marque certaine d'ancien *parage* (1).

Le droit d'être enseveli dans l'*église de l'Hôpital-Neuf de Pons*, tombeau des sires de Pons, ses fondateurs, (*Généal. imp. de Pons*, pp. 11, 28 et 32, ou *pièces justif.*, cot. D), qui, pendant les sept mêmes générations, fut exercé par les seigneurs d'Asnières et leurs proches, (*Ext. généal.*, pp. 3, 8 et 10; *ibid*, cot. E), peut, à raison des usages du temps, établir une quatrième preuve, qui d'ailleurs se trouve singulièrement fortifiée par le changement de sépulture, après la mort de Gombaut IV, dernier *parageur*, dernier parent selon l'église. On remarque, en effet, que depuis lors, ni les sei-gneurs d'Asnières, ni personne des leurs, ne furent plus ensevelis *dans l'église de l'Hôpital-Neuf de Pons*, (sous l'invocation de saint Jean), mais dans une chapelle appelée *Infernet, de l'église de Saint-Martin de Pons.* (Voyez-en la preuve soulignée par M. Ché-rin dans l'*Ext. généal., ou même cote que ci-dessus.*)

Une cinquième peut également provenir de ce que, dans son traité de mariage passé en 1517, (*ibid*, p. 7, ou *pièces justif.*, cot. F), Gombaut III, seigneur d'Asnières, épousant Agnès de Mau-musson, sœur de Pierre-Guillaume de Maumusson, *damoiseau de Blaye*, (*ibid*), est qualifié lui-même *damoiseau de Pons*, sans toute-fois attacher à cette induction très-secondaire plus d'importance qu'on ne voudrait lui en accorder (2).

La sixième enfin, et la plus décisive, vient de ce que le *parage*, à l'égard des sires de Pons, se voit littéralement exprimé dans les actes; on en va juger par ce qui suit.

Le 31 janvier 1560, (*Ext. généal.*, ou *pièces justif.*, cot. G),

---

(1) « Les fiefs étaient donnés à la charge de foi et hommage, reliefs, quints, requints, treizièmes, lots et ventes, deshérence et autres droits. » (La Roque, *Trait. du Ban*, p. 5.)

(2) *Voyez*, à la fin, la note A.

Jean II, seigneur d'Asnières, de la Chapelle, etc., fit son testament et légua à François, son second fils, sa maison de Bonlieu, ainsi que plusieurs pièces de terre, pour les tenir noblement à la charge de contribuer *prorata à l'hommage de la terre et seigneurie de la Chapelle* HORS DE PARAGE, expressions d'où il faut absolument conclure que cette terre avait été *tenue en parage*; mais de qui? ou en d'autres termes, quel était l'aîné dont on avait *tenu en parage?* La réponse est facile : cet aîné était le sire de Pons, et en voici la preuve irrécusable.

Il vient d'être démontré que joint à un léger devoir seulement, *l'hommage* de tout fief *cessant d'être en parage*, appartenait immédiatement et exclusivement à l'aîné chef-seigneur, et, par suite, qu'il suffit de faire voir à qui est et a toujours été dû *l'hommage* d'une terre *hors de parage*, pour montrer avec la dernière évidence que celui qui le reçoit ne peut qu'être l'aîné de celui qui le rend ; or, lisez l'acte d'échange, passé en 1483, (*Ext. généal.*, ou *pièces justif.*, col. H), entre Jean Ier, seigneur d'Asnières, de la Chapelle, etc., père de Jean II, ci-dessus nommé, et Gui, sire de Pons, et vous y verrez en propres termes, soulignés par M. Chérin avec une intention bien manifeste, que « l'hostel de la Chapelle a été » *tenu de toute ancienneté par lui Jean et ses prédécesseurs*, du sei-» gneur de Pons, à hommage-lige et sous le devoir (unique) de » quatre chapons blancs. » C'est donc des auteurs de Gui, sire de Pons, que la seigneurie de la Chapelle, dite *hors de parage*, avait été *tenue en parage* par ceux de Jean, seigneur d'Asnières; mais tant qu'il existait des mâles, notre coutume de Saintonge ne reconnaissait de parage qu'entre frères ou leurs descendants , donc etc. (1).

On peut ajouter, comme preuve concordante avec celles qui viennent d'être exposées, que le lundi avant la Pentecôte 1365, Renaud VI, sire de Pons, vicomte de Turenne et de Carlat, ren-

---

(1) Remarquez, au surplus, que les seigneurs d'Asnières et de la Chapelle étant les aînés de la branche aînée (*Ext. généal.*), ne pouvaient être *parageurs* de personne de leur propre maison, mais seulement de ceux dont elle était sortie; il en résulte que les mots *hors de parage* ne sauraient être interprétés autrement que nous ne l'avons fait, en supposant même que les actes cités n'eussent pas fourni un témoignage littéral.

dant hommage au roi d'Angleterre, comte de Poitiers, duc de Guyenne, à cause de sa sirerie de Pons, de ses ville et forteresse de Château-Renaud, de Ransanne, etc., déclare remplir cette formalité, tant pour lui que pour ses *parageurs,* (à raison des lois sur le parage; voyez les textes cités plus haut). Il est à remarquer, en effet, 1° que le *parage* des seigneurs d'Asnières, n'ayant pris fin qu'en 1384, durait encore à cette époque; 2° Qu'outre le fief d'Asnières qui releva toujours de Pons (1), les mêmes seigneurs en possédaient un autre précisément nommé Saint-Quentin-de-Ransanne. (*Ext. généal. Voir aussi le texte même de l'hommage en question, pièces justif.* cot I.)

Voilà ce que nous avions à dire sur la question fondamentale, et nous nous persuadons qu'un examen approfondi fera regarder nos arguments comme aussi décisifs qu'aucun de ceux qu'on pourrait exposer. Ils roulent notamment, comme on l'a vu, sur la preuve spéciale nommée *preuve de parage,* qui, tirée de la législation des fiefs, est la plus infaillible de toutes, présente l'avantage de joindre l'explication du fait à l'expression du fait même, et qu'en homme exercé M. Chérin a choisie pour déclarer notre origine tellement démontrée à ses yeux, qu'il a pris le soin particulier déjà remarqué, de souligner dans nos actes (*Ext. généal.*) tous les passages y relatifs, que de plus il a marqués d'une croix rouge (2); si donc elle ne paraissait pas hors de toute difficulté, il

---

(1) L'hommage de 1384 (*Pièces justif.,* cot. A), et les suivants, en font foi, de même qu'un acte de 1549 (*Ext. geneal.*), par lequel Jean, seigneur d'Asnières, de la Chapelle, etc., transporte à sa femme un mas de terre «*appele de toute anciennete Chassac, mouvant de Mgr. de Pons, pour raison du fief d'Asnieres, qu'il tient dudit seigneur de Pons,* etc.», (ainsi souligné par M. Chérin.)

(2) Pour ne rien négliger à cet égard, nous ferons une observation précieuse, bien qu'elle paraisse d'abord indifférente. On sait que le cabinet du Saint-Esprit n'avait mission précise que pour établir depuis 1400 la filiation des familles, de sorte que tout ce qui précédait pouvait être regardé comme de surérogation, sans nuire toutefois à son authencité. Or (*Extr. geneal.*), M. Chérin attend, pour déposer son jugement, l'acte d'hommage rendu au sire de Pons, par Séguin, seigneur d'Asnières, c'est-à-dire notre auteur direct à partir du quinzième siècle, au lieu de le faire à l'occasion d'un premier hommage rendu aussi au sire de Pons en 1384, auquel, d'ailleurs, il renvoie comme à une preuve antécédente; son intention positive était donc de prévenir toute objection ultérieure, et d'as-

faudrait en conclure que l'acception du mot *parage*, invariable depuis l'établissement des fiefs, ou n'est pas comprise aujourd'hui, malgré vingt définitions plus précises les unes que les autres, oû plutôt, serait méconnue arbitrairement, supposition qui répugne trop pour s'y arrêter davantage.

SECONDE SECTION.

DROIT A LA QUALITÉ DE PRINCE.

Nous ne pouvons tenir ce droit que des sires de Pons, nos auteurs; il est donc nécessaire de prouver qu'il leur appartenait, et qu'il nous appartient comme puînés; c'est la matière de deux propositions distinctes que nous allons développer.

PREMIÈRE ·PROPOSITION.

La qualité de prince appartenait aux sires de Pons.

« Le terme de *prince* peut être adapté à tous seigneurs qui *participent à la souveraineté.* » (Loyseau, *Liv. des Seign. souv.*, p. 15). Principe non moins avoué aujourd'hui qu'autrefois. — «*Prince* se dit aussi de celui qui est souverain sur ses terres, mais qui est néanmoins vassal ou tributaire d'un autre. » (*Trévoux.*)

Cette base une fois posée, toute la question consiste à prouver que les sires de Pons *participaient à la souveraineté;* or, indépendamment d'une notoriété imposante, c'est à quoi l'on peut parvenir de deux manières, 1° en établissant le fait en lui-même; 2° par voie d'analogie, c'est-à-dire en montrant, d'une part, que les sires de Pons étaient *barons du royaume* (feudataires de la couronne), et de l'autre, que les *barons du royaume*, égaux entre eux (pairs), et jouissant des *droits régaliens,* étaient *seigneurs souverains* dans leurs domaines, et même génériquement qualifiés *princes,* ce que nous allons faire dans les paragraphes suivants (1).

----

surer à ceux dont la généalogie l'occupait en ce moment, le bénéfice de sa décision légale, qui, au moyen des notions intermédiaires généralement connues de son temps, ne saurait être conçue en termes ni plus clairs ni plus formels.

(1) «Le mot *baron* était anciennement général, adapté aux princes du sang,

§. Ier.

Les sires de Pons participaient à la souveraineté.

L'histoire et les monuments relatifs à la célèbre maison de Pons, suivant l'expression de Trévoux, (*Voyez* aussi Moréri), rendent cette assertion d'une extrême évidence (1) ; ils nous montrent, en effet, qu'elle possédait en *tous droits* plus de soixante villes et bourgs, plus de six cents paroisses ou terres seigneuriales (2), qu'auraient beaucoup accrus les comtés de la Marche et d'Angoulême, la baronnie de Lusignan, la ville et seigneurie de Fougères,

---

ducs, marquis, comtes et autres de la noblesse de France, tenant leur *seigneurie principale* immédiatement de la couronne, en *tous droits* fors la souveraineté et hommage, » (c'est-à-dire le dernier ressort appartenant au roi comme seigneur dominant), etc. (Du Tillet, *Rec. des rangs.*) — « Les *hauts barons* de France tenaient les terres en la même franchise que font présentement les leurs les *princes de l'Empire* ; ils avaient droit de battre monnaie, etc. » (*Trévoux.*) — « Les anciens *barons de France,* relevant immédiatement de la couronne, avaient, de la propre nature et primitive institution de leurs seigneuries, toute justice, voire même tout commandement tant au faict de la justice que des armes. » (Loyseau, *Livre des Seigneuries,* p. 70. *Voy.* d'ailleurs à la fin de la note C.)

(1) Voici comment Armand Maichin s'exprime dans son *Histoire de Saintonge,* p. 140 : « Il y en a d'autres qui font descendre les seigneurs de Pons des anciens comtes d'Angoulême, mais je ne trouve pas non plus une certitude complète de ce côté-là ; et je n'estime pas non plus qu'il soit nécessaire de s'en mettre beaucoup en peine, parce que les sires de Pons n'étaient guère inférieurs à ces comtes-là. »

(2) La sirerie ou baronnie (immédiate) de Pons seule, comprenait 52 paroisses, et avait dans sa mouvance 250 fiefs nobles. (*Dict. de la Martinière;* voyez aussi *Moréri.*) La vicomté de Turenne, dont les sires de Pons possédaient la majeure partie, avait 8 lieues de long sur 7 de large ; elle renfermait 13 châtellenies et 116 paroisses. (*Art de verif. les dates,* tom. II, p. 399.) Celle de Carladez, qui leur appartenait également, était presque d'une aussi grande importance que le Rouergue ; ajoutez Riberac, Blaye, Bergerac, Sarlat, capitale du Bas-Périgord, Limeuil, Montignac, Château-Renaud, Cognac, Gensac et leur territoire, le comté de Montfort, celui de Marennes, l'île d'Oleron, la principauté de Mortagne-sur-Gironde en partie, etc. Tous ces domaines réunis auraient formé, par l'étendue et la population, l'une des belles provinces de France.

en Bretagne, etc., devenus sa propriété à titre successif et de sub-
stitution, si Charles-le-Bel n'avait contraint Hélie-Rudel, IIe du
nom, sire de Pons, à lui en faire *meram et puram donationem* par
acte *datum et actum apud Asnieras*, l'an 1322, (*Tres. des chart.*,
n° 22) (1); de sorte que abstraction faite des ducs et de certains
grands comtes, elle était certainement au nombre des plus puissants terriens du royaume.

Que ses chefs commandaient comme auxiliaires des troupes le-
vées dans leurs domaines et équipées à leurs frais, témoin (*preuv.
faites par Antoine, sire de Pons en 1558, pour son admission dans
l'ordre du Saint-Esprit*), « Renaud III qui (en 1266) fit le voyage
de Naples avec quatre cents lances pour Charles, comte d'Anjou,
contre Mainfroy... Geoffroy de Pons, V^e du nom, premier seigneur
d'Aquitaine qui, *avec ses forces*, ait fait la guerre aux Anglais...
Renaud V qui, *avec ses forces*, assista Charles, comte de Valois, et
le connétable Raoul de Néelle contre les Anglais... Renaud VI qui
se joignit *avec ses forces* à Bertrand du Guesclin, et fut lieutenant
du roi, en la guerre des Anglais qu'il soutint long-temps *avec ses
forces* et à *ses propres frais et dépends*... Jacques Ier qui, au siége
de Bordeaux, servit Charles VII avec bon nombre d'hommes et
de vaisseaux *équipés et armés à ses dépends*. » Auxquels il faut
ajouter Antoine, dernier sire de Pons, qui, dans le XVIe siècle
(ancien mémoire de famille), leva parmi ses vassaux 10,000 fan-
tassins et 400 cavaliers, puis une compagnie de 100 lances des
ordonnances, à la tête desquels, imitant ses prédécesseurs (2), il
rendit à la couronne de signalés services consacrés par l'histoire.

Qu'ils faisaient la guerre et concluaient des *trèves* et des *trai-*

---

(1) Cette donation n'eut cependant pas un effet immédiat, car il se lit dans
des lettres du vendredi après la Toussaint 1326 (*lieu cit.*, n° 24), que le sire de
Pons avait les trois quarts, et le sire de Craon la quatrième partie de la succession de Hugues, comte de la Marche et d'Angoulême (son oncle).

(2) Notamment Renaud VI et Jacques Ier, sires de Pons, guerriers célèbres de
leur siècle ; ce fut le premier qui prit aux Anglais les villes de Saintes, de Cognac, Saint-Maixent, Marans, Merpin, Chastelaillon, Saint-Jean-d'Angely,
Mornac, Royans, etc., dont plusieurs lui demeurèrent, comme le prouvent les
actes d'hommages de ses successeurs; puis, vers 1395, vainquit et fit prisonnier
le fameux Captal de Buch. Le second mourut couvert de 25 blessures outre 5
arquebusades, reçues en divers combats. (*Voy. son hist. manusc. à la Bibl.*)

tés (1) en leur nom; avaient dans l'origine le *droit d'amortisse-ment* (2), etc., etc., toutes choses, au reste consacrées en quelque sorte par ce vieil adage bien connu en Aquitaine et retrouvé dans les chroniques : *Si roi de France ne puis, sire de Pons voudrais être* (3).

---

(1) Renaud IV, sire de Pons, vicomte de Turenne, etc., mécontent de Philippe-de-Valois, bien que, le 9 février 1338, il lui eût *donné* sa ville de Bergerac (*Trés. des chart.*, n° 9), se retira de son hommage; et par l'entremise de Bernard, sire d'Albret, son beau-frère, conclut à Londres, le 1er juin 1340, avec Édouard III, roi d'Angleterre, un *traité* par lequel il plaça tous ses domaines sous sa protection, et se déclara feudataire de la couronne d'Angleterre. (*Arch. de Pau, arm. d'Albret,* chap. IV, col. GG.)

« Rudel de Mouleydier étant à Bordeaux, déclara avec serment, par acte du vendredi après la Saint-Michel 1254, avoir assisté à Bergerac, à la signature de la *trève* faite entre Gaston de *Bountoundia,* commissaire du roi d'Angleterre, et Geoffroi (IV) sire de Pons. » (*Extr. de la chambre des comptes de Paris,* voyez *Nouvelle hist. généal. des pairs,* etc., art. *Bergerac,* tom. VI.)

(2) Ce droit *régalien* consistait, de la part des *barons de France,* «à pouvoir amortir *souverainement* les héritages que l'on donnait dans leurs terres aux églises, comme aussi d'y fonder eux-mêmes des églises, sans être tenus de prendre sur ce des lettres de confirmation du roi. » (Brussel, *Exam. des fiefs,* tom. Ier, p. 659.) Les sires de Pons en usèrent notamment pour l'église de l'Hôpital-Neuf de Pons qu'ils avaient fondée; les abbayes de Saint-Vivien, de la Frenade et autres; l'ordre des Templiers; l'église et l'hôpital de Bergerac, etc. (*Généal. imp. de Pons.* Voy. à la fin la note B, essentielle à consulter.)

(3) La cour et les princes eux-mêmes avaient coutume de désigner le vicomte de Pons, dernier mâle de la tige principale (mort le 17 juin 1794), par le surnom de *Pons Royal.* Cela vint de ce que lui, un M. Pons ou de Pons, intendant de province, et une tierce personne qui avait substitué le nom de Pons au sien, étant réunis dans un salon, le premier fit observer, comme une chose singulière, que trois Pons se trouvaient présents, et de ce que le vicomte lui répliqua qu'il existait pourtant une différence entre ces trois Pons-là, attendu que l'un était le *Pont-Neuf* (il désignait l'interlocuteur noble de fraîche date), l'autre le *Pont-au-Change,* et le troisième le *Pont-Royal.* Cette anecdote de société roulant sur un jeu de mot, n'aurait peut-être pas dû trouver place ici ; nous espérons, toutefois, qu'elle sera tolérée comme étant propre à montrer l'idée qu'on avait conservée de la maison dont il s'agit, et qu'en nourissait M. de Pons lui-même qui, lorsque la révolution le surprit, travaillait à rassembler les titres de sa famille, déterminé sans doute à en faire valoir les droits.

Au surplus, les sires de Pons, comme les autres grands vassaux, avaient, à

§. II.

Les sires de Pons tenaient rang parmi les barons du royaume. — Ceux-ci titrés ou non, étaient seigneurs souverains et génériquement qualifiés princes.

PREMIER POINT. Rien n'est plus notoire, à l'égard des sires de Pons, que la qualité de *barons du royaume* (feudataires immédiats). (*Voyez,* entre autres, Froissart, *année,* 1369 ; Du Tillet, *Recueil des Traités,* p. 170 ; Rymer, *Act. publ. ;* La Roque, *Trait. de la Nobl.,* p. 246, et *Trait. du Ban, l'Art de vérifier les dates,* tome II ; *le Tableau des mœurs françaises au temps de la chev.,* IIe et IVe vol., publié récemment chez Égron, par M. le comte P. de Vaudreuil, ou note *d. Voyez* en outre le père Anselme, l'*Abrégé chronol. des grands fiefs,* etc.). Il semblerait donc peu nécessaire de s'y appesantir ; en voici néanmoins quelques preuves :

L'une résulte 1° de la lettre officielle qu'en 1767 M. de Beaujon, généalogiste des ordres du roi, adressa à M. de Béringhen, premier écuyer, où l'on remarque ces mots : « ... Sa maison (celle du comte de Pons) a un caractère de grandeur dont on trouve peu d'exemples dans nos meilleures maisons ; on voit, entre autres faits, que Renaud (II), sire de Pons, fut compris au nombre des *barons du royaume,* dans le catalogue qui en fut dressé par ordre de Philippe-Auguste, et que son fils (c'est-à-dire son petit-fils) épousa l'héritière de la maison de Bergerac (1), qui lui apporta en dot, Bergerac, Blaye, Riberac, Gensac et une partie de la vicomté de Turenne. Cette alliance acheva de donner à cette maison un tel de-

---

l'instar du roi, des officiers de leur maison ; c'est ce qu'on remarque notamment par la donation de 205 écus d'or, que le 20 février 1350, Renaud IV, sire de Pons, fit à *son ami et féal chevalier, M. Raoul de Mer, maître de son hôtel,* pour le récompenser de ses bons et agréables services. (*Bibl. du Roi, cabin. de Gaignières,* tom. 770, fol. 606, verso.) Ils avaient également des *baillis* destinés, comme ceux du roi, à diverses fonctions, et principalement à lever leurs *tailles* et revenus. On voit, en effet, qu'en 1242 (*Généal. imp. de Pons,* p. 17), un Pierre de Pons (sans doute fils naturel) occupait cette charge pour la sirerie de Pons.

(1) Hélie-Rudel Ier, comte de Périgord, est regardé comme l'auteur de cette illustre maison depuis long-temps éteinte. (*Nouv. hist. généal. des pairs,* etc., tom. VI, art. *Bergerac.*)

gré de puissance, que nos rois et les rois d'Angleterre se disputaient à l'envi l'avantage de l'attirer à leur parti, et qu'elle fut plus d'une fois *médiatrice* entre ces souverains. » (*Extr. des regist. origin. encore existants de l'ancien cabinet du Saint-Esprit*; voir *pièces justif.*, cot. J.) 2° D'un ancien rôle publié par La Roque (*Trait. du Ban*), et contenant les noms des *barons de France*, ducs, comtes ou autres, que Philippe - Auguste convoqua lorsque l'empereur Othon lui eut déclaré la guerre; c'est ce qu'on pourra voir par l'extrait suivant, où se trouveront seulement les plus notables de ceux qui n'étaient ni ducs ni comtes : «BARONS. Le dauphin d'Auvergne, Gui de Dampierre, Guichard de Beaujeu, Aimeri de Craon, Robert de Péronne, Gui de Laval, le vicomte de Thouars, Guillaume de Mauléon, Geoffroy de Lusignan, Geoffroy de Châtelleraut, Aimeri de Montfort, le seigneur de Coucy, Baudouin d'Albi, Aimar de Poitiers, le vicomte de Turenne, le vicomte de Châteaudun, le vicomte de Limoges, Archambaut de Comborn, Névelon de Ventadour, Renaud (sire) de Pons, Aimeri de Rochefort, etc. »

L'autre, de leur qualité *héréditaire* de *sire*, car, dit Loyseau (*chapitre* VII, *p.* 69), « Dès-lors que les vassaux des ducs et des comtes prirent le titre de barons, les *barons de France* qui restaient, pour se distinguer, prirent un autre tiltre, et se qualifièrent *sires*, comme les sires de Bourbon, Beaujeu, Coucy... et autres, possible taschant, par cette appellation, de participer (lisez de montrer qu'ils participaient) aux *droicts de souveraineté* (1). »

---

(1) Remarquons aussi avec La Roque (*Trait. de la Nobl.*, p. 246), que les grands seigneurs de fief, parmi lesquels le sire de Pons est nommé pour exemple, «s'intitulaient *sires*, mot qui en fait de seigneurie surpassait celui de seigneur... le mettant immédiatement après le nom et le surnom devant la seigneurie. » Il y avait dès-lors une grande différence entre ces locutions : Renaud de Pons, *sire de Pons*, ou Enguerrand de Coucy, *sire de Coucy*, et celle-ci : le sire de Chavigny, le sire d'Anglure, le sire d'Avaugour, qui n'exprimait point une dignité *héréditaire* inhérente à la *baronnie immédiate*, mais, selon Du Cange, était un titre personnel abrégé de *messire*, lequel se donnait à tous les chevaliers (*Voyez* encore *Trévoux*). Quoi qu'il en soit, nous rappellerons que la qualification de *sire*, prise dans la première acception, était équivalente à celle de *prince* qui s'employait pour elle, *et vice versa*. En voici quelques preuves : « L'an 1010, Ébles, vicomte de Comborn, surprit, dans son propre château, Gaubert, *prince*, c'est-à-dire *sire* de Malmort, avec lequel il était en guerre. » (Besly, *Hist. des comtes de*

Une troisième, enfin, du titre de *cousin* qu'ils reçurent toujours de nos rois, dès que la règle s'en établit pour les grands vassaux. Ce titre, en effet, le plus distingué qui fût en usage de la part des rois de France (notamment sous Charles V), dit le père Griffet (*Traité de la vérité de l'histoire*), ne se donnait, ajoute-t-il, qu'aux *princes* et aux proches parents de la maison royale ; comme aussi à quelques grands officiers de la couronne, la plupart *princes* ou alliés du monarque, ou bien, suivant l'expression de Loyseau (*Droicts des grandes seigneuries*, p. 58), à ceux qui *participaient à la souveraineté :* or, il en résulte que les sires de Pons qui l'eurent constamment sans posséder aucune des deux qualités intermédiaires ci-dessus exprimées, bien que par leurs alliances ils eussent des affinités avec les rois de France et autres potentats, étaient reconnus comme *princes*, comme *seigneurs souverains*, à cause de leurs terres de *baronnie* ou fiefs immédiats (Pons, Turenne, etc.), qu'ils possédaient effectivement à ce titre (1).

Poitiers, p. 61.)—Guillaume Frédeland, regardé comme puîné des vicomtes de Limoges, et Gérard son fils, sont nommés *princes de Blaye*, l'un en 1090, l'autre en 1106, (*Fragm. hist. Aquit. de Dom. Clem. Étiennot*, tom. IX, p. 73, et *Cartul. B*, de l'abbé Hugues de Cluny), tandis que tous leurs descendants se qualifièrent *sires de Blaye*. (*Hist. généal. des pairs*, etc., tom. V, art. *Blaye*.) Voyez également le biographe méridional des troubadours, qui, à l'occasion de Richard (de Barbesieux), s'exprime ainsi : « Et enamoret se d'una domna moiller d'En Jaufre de Taonai, d'un valen baron d'aquella encontrada, filla d'En Jaufre Rudel *prince* de Blaia. »—Les seigneurs de Chabannais de la première race s'appelaient indifféremment *sires* ou *princes*. (Lieu cité, art. *Chabanne*, tom. IV, et *Mathas*, tom. V.) — Les aïeux des anciens *sires* de Bourbon se qualifiaient également *princes*. (*Trevoux*, voy. plus loin.) On peut ajouter enfin que quelques-uns des Croisés qui obtinrent des états formés des conquêtes faites sur les Sarrasins, ou des débris de l'empire grec, portèrent le titre de *sire* ou de *grand sire* (Megaskir). Il y avait entr'autres un *sire* d'Athènes, qui, plus tard, prit le titre de duc. (*Hist. des Crois.*, tom. III, p. 556.)

(1) Il existe à la Bibliothèque royale, et ailleurs, un assez grand nombre de documents qui établissent le fait en question ; nous nous bornerons aux indications suivantes. Dans une donation faite le 22 juin 1371, à Renaud VI, sire de Pons, vicomte de Turenne, etc., par Charles V, ce monarque le nomme son féal *cousin*. Louis XI donnait le même titre à Jacques Ier, sire de Pons, fils et successeur du précédent. Gui, sire de Pons, l'a également dans un arrêt rendu entre

Il ne faut pas oublier en complément de preuve, d'abord l'hommage-lige (1) que les sires de Pons rendaient directement au roi, et qui avait lieu de cette manière, peut-être unique dans son espèce: « Le sire de Pons, *armé de toutes pièces et visière baissée*, se présentait au roi et lui disait : Sire, je viens à vous pour vous faire hommage de ma terre de Pons, et vous prier de me maintenir en mes priviléges. Le roi le recevait et devait lui donner, par gratification, l'épée qu'il avait à son côté (2). » (*Dict. géograph. de la Martinière*, au mot *Pons*) ; ensuite, (*Hist. de la mais. de Harcourt*, par La Roque, *preuv.*, tom. III, p. 188), la convocation que Louis IX adressa à Geoffroy IV, seigneur de Montignac, et depuis sire de Pons, pour se trouver à son couronnement le dimanche

---

lui et Gui de Belleville, seigneur de Mirambeau-l'Artaud, ainsi que dans plusieurs lettres que lui écrivit Louis XII. On peut en dire autant de François Ier, de François II, et d'Antoine, dernier sire de Pons, mort en 1586 (*Géneal. imp. de Pons*). Ce fut seulement à partir du règne de François Ier que le susdit titre s'étendit à d'autres personnes, telles que les cardinaux, les maréchaux, etc. (*La Roque.*)

(1) L'hommage, dit La Roque (*Traité de la Noblesse*, p. 248), ne détruit pas la souveraineté. Loyseau est du même sentiment : « Bien qu'avec la *feudalité* » l'état souverain ne soit pas, ajoute-t-il, si pur, si souverain, si *majestatif.* » Il suffit, d'ailleurs, de citer le duc de Lorraine vassal (en partie) du comte de Champagne, comme le prouvent ces mots : *Dux Lothoringiæ, fidutiam, justitiam, servitium,* tirés du Ier livre des fiefs de Champagne (*Brussel,* t. I, p. 95) ; les anciens rois d'Ecosse, de Hongrie et de Bohême ; ceux de Naples à l'égard du Saint-Siége ; les princes immédiats de l'Empire ; les rois de France enfin, dont quelques portions de domaines relevaient de tel seigneur ou de telle abbaye, celle de Saint-Denys par exemple.

Nous dirons, au surplus, que vers le Xe siècle, il existait en Dauphiné des seigneurs dont la souveraineté était plus entière que celle des barons de France eux-mêmes, nommés *princes-sujets* par Loyseau, c'est-à-dire qui ne devaient l'hommage à personne. Tels furent les premiers barons de Sassenage, restés indépendants des Dauphins jusqu'en 1339. (*Hist. généal. des pairs,* etc., t. IV, art. *Berenger.*) On peut citer ensuite le Béarn pendant quelque temps (*Besly*), puis la Flandre et la Bourgogne, en vertu de traités particuliers ; mais ces faits n'infirment en rien la souveraineté des grands vassaux, puisqu'ils jouissaient également des *droits régaliens,* et que l'hommage seul marquait la différence.

(2) L'hommage se rendait toujours à genoux, nu-tête, et les mains jointes entre celles du seigneur. (*Trévoux.*)

après la Saint-André 1226, (sans doute à l'effet de représenter son père Renaud II, alors sire de Pons), attendu que les seuls *barons de France* avaient droit d'y assister. (*Art. de vérif. les dates, disc. sur les grands fiefs.*)

Mais un témoignage encore plus décisif en ce qu'il est juridique, c'est l'arrêt du parlement (28 juin 1449) qui, par confiscation sur Jacques Ier, sire de Pons, vicomte de Turenne, etc., réintégré en 1461, (voyez entre autres *le Dict.* cité plus haut), *réunit* la sirerie de Pons à la couronne : car on n'a pas besoin d'expliquer que si les domaines du susdit Jacques n'en avaient pas été fiefs immédiats, ils n'auraient pu, suivant la législation féodale, s'y voir ainsi incorporer (1).

Second point. La proposition qui nous reste à établir, c'est-à-dire celle qui a pour but de montrer que les feudataires de la couronne ou barons du royaume, étaient *seigneurs souverains* et *princes*, est encore d'une évidence tellement palpable, qu'elle semble n'avoir besoin que d'être énoncée. Qui jamais douta, en effet, que les ducs de Normandie ou d'Aquitaine, les comtes de Toulouse, de Champagne, de Flandre, d'Armagnac et de Foix; ceux de Rouergue, de Comminges ou de la Marche; les vicomtes de Limoges, de Turenne ou de Béarn; les sires de Coucy, d'Albret, de Bourbon ou de Beaujeu, en un mot, tous les vassaux immédiats de la couronne, *pairs et égaux entre eux* (2), suivant l'expression de Mably, (*Observ.*, t. II, p. 64; voir également *Velly*, t. II, p. 290), bien qu'ils n'eussent ni la même étendue de territoire, ni le même

---

(1) Supposons, par exemple, qu'ils eussent relevé en ce moment du roi d'Angleterre, duc de Guienne; c'est au profit de la couronne de ce prince que la confiscation aurait eu lieu en vertu d'un arrêt de sa propre cour. Témoin le comté de Périgord, confisqué en 1369 sur le comte Roger-Bernard, par le monarque anglais qui, depuis 1356, s'en prétendait suzerain, et qu'en cette même année Édouard, prince de Galles, donna à Renaud VI, sire de Pons, vicomte de Turenne, qui jugea à propos de ne pas l'accepter (*Généal. de Pons*, p. 26), bien qu'il pût y avoir des droits comme époux de Marguerite de Périgord, fille du même Roger-Bernard.

(2) Ce fait n'a jamais eu besoin de preuve à l'égard des grands vassaux, ducs ou comtes; quant aux autres, voyez à la fin la note *c*, où nous avons exposé ce qui est nécessaire pour rectifier les idées qu'on pourrait avoir à ce sujet.

titre particulier, jouissant des *droits régaliens*, et ne devant au roi que l'hommage, ne fussent aussi réellement *souverains* et *princes*, que les membres du corps germanique, toujours considérés comme tels (1)?

Qu'opposer, d'ailleurs, aux textes suivants, que nous pourrions augmenter d'une foule d'autres non moins formels?

— « Les registres du parlement de la Toussaint de l'an 1282, sous le règne de Philippe III, *dit* le Hardi, contiennent une enquête du 12 décembre, qui porte ces mots : *appert que baronnie ancien-nement était* SEIGNEURIE SOUVERAINE, *après le roi et dessous lui. Ainsi baronnie est plus que comté, attendu qu'il y a des comtes qui sont barons et d'autres non ; ainsi tenir en baronnie, c'est relever de la couronne*, etc. De là l'on tire cette induction que les *barons du royaume* étoient pris pour les *princes*, et que le titre de baron sur-passoit tous les autres, tant de comte que de duc. » (La Roque, *Trait. de la Nobl.*, p. 240.)

— Du Tillet, et après lui Ragneau, nous apprennent également « que *baronnie* est *toute seigneurie première*, après la souveraine du

---

(1) Il ne faut pas croire cependant que la mouvance immédiate de la cou-ronne, qui, comme *barons de France*, donnait le droit de siéger à la cour du roi, d'assister à son couronnement, etc., fût pour les possesseurs de grands fiefs une condition tellement absolue de leur souveraineté, qu'en la perdant ils perdissent leurs priviléges intrinsèques, ou même qu'il n'y eût point de souveraineté sans cette mouvance. Quant a ce dernier fait, nous dirons tout de suite que les comtes de Bretagne, relevant originairement du roi comme duc de Normandie, et de-venus ses arrières-vassaux par l'aliénation de cette province (*Henaut*, t. Ier, p. 106), n'en étaient pas moins souverains. (*Voy.* la 3e sect.) Pour ce qui est de la première assertion, l'on peut citer les comtes de Périgord qui, d'abord feudataires de la couronne, relevèrent, en 1356, des rois d'Angleterre, ducs de Guienne ; puis, en 1368, redevinrent vassaux de France, sans plus perdre leur souveraineté que les vicomtes de Turenne, indépendants en premier lieu, ensuite feudataires de la couronne, vassaux immédiats de la Guienne en 1258, redevenus hommagers de la couronne sous Philippe de Valois, retournés de nouveau sous l'immédiateté de l'Angleterre en 1361, enfin sous celle de France en 1370 (*Abrégé chronol. des grands-fiefs*, pp. 282, 311, 312 et suiv.); en un mot, c'était la jouis-sance des *droits regaliens*, ou, si l'on veut, la propriété de la puissance publique qui constituait la souveraineté. Cette remarque, applicable aux sires de Pons pour le temps où la Saintonge, dont leur baronnie originaire relevait en plein fief, fut détachée de la couronne et réunie à la Guienne, est aussi notre prin-cipal argument à leur égard.

roi, mouvant directement de la couronne, ce qu'ils disent apparoir par les articles des différents d'entre les rois de France et d'Angleterre, arrêtés au parlement de 1281, et l'arrêt du comté de Sancerre de l'an 1259. » (*Loyseau*, chap. V, p. 57.)

— « Les grands vassaux de la couronne, fussent-ils ducs, comtes ou vicomtes, étoient autrefois indifféremment appelés *pairs, princes et barons;* pairs comme égaux entre eux, princes comme seigneurs des lieux de leur dépendance, et barons comme les premiers et les plus puissants du royaume. Cette dernière qualité passoit même, au douzième siècle et bien avant dans le treizième, pour si noble et si relevée, qu'on quittoit le titre de *prince* pour prendre celui de *baron*; c'est ce que fit le sire de Bourbon, environ l'an 1200, quoique ses ancêtres eussent porté pendant plus de 300 ans le nom de comte et de prince. » (*Trévoux*, au mot *Baron*.)

— « C'est pourquoi il a plu au seigneur de vous inspirer à vous illustres *princes*, Baudouin de Flandre, et Thibaut, palatin de Troye, Louis de Blois et de Clermont, etc., le dessein de vous décorer du signe de la croix. » (*Extr. du trait. d'alliance conclu entre Baudouin, comte de Flandre, etc., et le seigneur Dandolo, doge de Venise, le 4 avril* 1201; voyez *Hist. des Crois.* par M. Michaud.)

— « L'empereur mon maître sait que vous êtes les plus puissants et les plus grands *princes entre ceux qui ne portent point de couronne, etc.* » (*Disc. de l'ambass. d'Alexis, emp. de Const., aux chefs des croisés;* Ibid., *voyez* Villehardoin.)

— Dans la commission adressée en 1747, par Henri II, à Du Tillet, greffier du parlement et garde du trésor des chartes, on lit qu'elle lui est donnée à l'effet de rechercher « quel rang avoient tenu en toutes grandes et solennelles assemblées, les princes du sang, tant ducs que comtes, et les *autres princes du royaume,* ducs, comtes et autres de moindre titre et qualité » (c'est-à-dire certains vicomtes, et les barons grands châtelains, tels que Bourbon, Beaujeu, Coucy, Albret, Pons, etc.). (*Extr. du cérémonial français*.)

— M. Chassanée, président du parlement de Provence, dit aussi, dans le livre intitulé *Catalogus gloriœ mundi*, qu'il composait en 1527, « que dans les assemblées des *princes du royaume,* le duc de Bourgogne a, comme pair et comme doyen des pairs, la préséance sur tous les autres. »

— « Plusieurs *princes* ont réclamé le secours de la sainte Vierge, comme les ducs de Bourgogne, dont le cri, selon Moustrelet (t. Ier, p. 47), était Notre-Dame Bourgogne, les comtes de Foix. les comtes d'Auxerre, les ducs de Gueldres, le *seigneur de Coucy*, le comte de Hainaut, etc. » (Du Cange, *Dissert. XI*, p. 207 et 213) (1).

— «Quant en la France, il y a eu en effect plusieurs *rois* sans nom ne tiltre royal que *les grands vassaux de la couronne* y estoient moins obéissants qu'ils ne devoient..., et que ce royaume étoit reiglé *comme nous avons veu l'Allemagne;* non-seulement ceux qui usoient de ces mots, par la grâce de Dieu, duc ou comte, se nommoient *princes* sans être du sang royal, comme feit Guillaume-Teste-d'Étoupe, duc d'Aquitaine, par tiltre... de l'an 919 ; Ponce, grand prince et duc d'Aquitaine par tiltre... de l'an 1080 ; Thibaut, comte de Chartres par tiltre... de l'an 1118, et autres sans nombre, mais aussi simples seigneurs s'intituloient *princes*, comme firent Eude, seigneur du bourg de Déols, puisné du comté de Bourges, et autres plusieurs, etc. (2). » (Du Tillet, *Recueil des rois de France*, p. 318, édit. de 1607).

— Dans un ouvrage faisant suite à celui du président Hénaut, et intitulé, *Abrégé chronologique des grands fiefs de la couronne et des* princes *qui les ont possédés*, on lit ces mots, p. 6 : « Ce nouveau roi (Hugues Capet) se scrait trouvé bien faible s'il eût voulu heurter contre plus de cinquante *princes* qui gouvernaient *leurs états* comme *souverains*, en rendant néanmoins l'hommage et le service, dans les occasions, aux rois, leurs seigneurs suzerains, etc. »

---

(1) *Dam* ou *dame* voulait dire seigneur ; témoin l'ancienne expression : *Dame Diex aye* (que le seigneur Dieu nous aide), et le mot *vidame* (*vice dominus*). Notre Dame Bourgogne, Coucy, du Guesclin, etc., pourrait donc bien signifier notre seigneur Bourgogne, Coucy, etc., au lieu d'être une invocation à la Vierge, comme le prétend cet écrivain, d'ailleurs si exact et si judicieux.

(2) Du Tillet n'indique pas la raison de ce dernier fait, mais la voici : « Après la mort de Guillaume le jeune, comte d'Auvergne, le roi Raoul donna la *proprieté* de Bourges au vicomte de cette ville, et ordonna qu'à l'avenir ce vicomte, le seigneur de Bourbon, le *prince* de Déols, etc., relèveraient immédiatement de la couronne. » (*Art de vérifier les Dates*, t. II.)

Au surplus, le mot *princeps* n'avait pas toujours, dans le Xe siècle, comme l'a remarqué Du Cange, l'acception restreinte qu'il a eue depuis, bien qu'on s'en servît également pour désigner ceux qui exerçaient la plus haute suprématie, et qu'en tous cas il ne s'appliquât jamais qu'à un seigneur principal. Cette observation est applicable à ce que renferme la note (1), pp. 26 et 27.

—« Les ducs, les comtes, les barons (*majores*), la plupart des prélats, jouissaient d'*états* particuliers, avaient leurs droits, leurs coutumes, étaient obéis de *leurs sujets,* sur lesquels ils avaient droit de vie et de mort, etc. » (*Variat. de la monarchie*, par Gautier de Sibert, tome II, p. 238.)

—« Tous ces seigneurs (les hauts barons) avoient des baillis et des sénéchaux qui ne reconnoissoient qu'eux, levoient leurs *taillis* et revenus, comme faisoient ceux du roi; ils nommoient les habitants de leurs terres *leurs sujets*, aussi-bien que le roi, etc. » (Mézerai; voyez en preuve l'*Hommage de Renaud VI, sire de Pons, pièces justif.*, cot. I.)

—« Y a grande apparence que ce qu'anciennement en France et encore à présent ès autres monarchies, les seigneurs marchent selon la prérogative de leur seigneurie et non pas de leur maison, a pris son commencement et premier établissement du temps que les ducs et les comtes (et les autres grands vassaux comme on le verra plus loin) jouissoient des *droits de souveraineté*, de sorte qu'ils étoient *princes* par seigneurie; car toujours le titre de prince a importé la préséance et les premiers rangs de l'état. » (Loyseau, chap. VII, nomb. 85.)

— « Lorsque les ducs et les comtes de France jouissoient des *droits de souveraineté*, nos rois leur firent l'honneur de les qualifier leurs parents; et réciproquement aussi les vrais parents de roy prirent le titre de *prince* qui avoit été premièrement occupé par ces *ducs et comtes souverains* de France (1). » (*Ibid.*, chap. VIII, nomb. 103.)

—*Prince* signifie le duc ou seigneur du pays....Pour conclusion, j'avertirai le lecteur qu'en estudiant cette matière dans les coutumes.

---

(1) Ce passage est remarquable en ce qu'il montre que dans l'origine les grands feudataires jouissaient de prérogatives que les seigneurs du sang n'avaient pas; en effet, dit le même auteur (*chap. VII, nomb.* 22), « Ces ducs et comtes étoient alors les plus puissants seigneurs de France après les rois et leurs fils aisnés recogneus pour rois pendant la vie du père; car les premiers n'ayant que leur apanage ou entretien (qui mesme au commencement ne leur estoit pas baillé en terres, pour ce que le roi n'avoit presqu'aucun domaine pour soy-mesme), n'estoient pas bastans pour leur faire teste et leur contester la préséance...: Ains au contraire, le dessein ordinaire de ces puisnés estoit de se mettre de leur rang, s'alliant avec eux et espousant leurs héritières. »

il garde de se méprendre en l'équivoque du mot *prince*..., car d'autant que la plupart d'icelles ont été rédigées, ou pour le moins establies du temps que les ducs et les comtes des provinces se qualifioient *princes* et jouissoient par effect des *droicts de souveraineté*, quand en icelles il est parlé du *prince;* ce n'est pas le roy qui est entendu, ains le duc ou comte de la province, etc..., ce qui se voit clairement en la coutume de Nivernois, art. x, où se lisent ces mots : Celui qui a justice ne peut lever signe patibulaire sans auctorité du *prince du pays,* au refus duquel *prince,* il aura recours au souverain seigneur, etc. » (*Ibid.,* chap. III, nomb. 88.)

Nota. Il est essentiel de remarquer que lorsque l'auteur parle des ducs et comtes comme étant *princes* et ayant les *droits de souveraineté,* il sous-entend les autres grands vassaux de la couronne qui n'étaient ni ducs ni comtes; c'est ce qu'il explique dans les passages suivants : — « De vérité cette espèce de seigneurie (la principauté érigée par lettres et sans droits souverains) est extraordinaire et extravagante, estant venue à mon advis, de ce que les ducs et les comtes s'estant faits *princes* par l'usurpation des *droicts de souveraineté,* à leur exemple les *autres grands seigneurs vassaux de la couronne,* qui n'avoient tiltre ni de duc ni de comte (c'est à-dire, les autres barons du royaume, comme les vicomtes de Limoges et de Turenne, les sires de Bourbon, de Beaujeu, de Coucy, de Pons, etc.), ayant pareillement usurpé les *droicts de souveraineté* dans leur seigneurie et distroit, se sont par conséquent tiltrés et qualifiés du nom général de *prince* (que du reste les hauts barons ne portaient pas et prenaient rarement, ainsi qu'on le verra plus loin)..., afin d'être distingués des simples seigneurs qui n'avoient comme eux l'exercice de la *souveraineté...;* ce qu'ayant eu cours lorsque les grands seigneurs de France avoient les *droicts de souveraineté,* a continué après qu'ils en ont été dépouillés, par le moyen de ce que, à l'exemple des *anciennes principautés* réunies à la couronne, aussi-bien et encore plus facilement que les duchés et comtés (le terme est d'autant plus formel, comme on voit, qu'il ne s'applique en ce moment qu'aux terres des barons immédiats qui n'étaient ni ducs ni comtes), les rois en ont érigé d'autres pour gratifier leurs favoris (1). (*Ibid.,* chap. V, p. 55.)

----

(1) La baronnie de Pons, notamment, était si bien regardée comme l'une de

— « Doncques.... les ducs , marquis et comtes... ayant empiété *les droicts de souveraineté*, et de simples barons s'estant faits *princes*, les *autres vassaux immédiats de la couronne*, qui n'avoient ces tiltres de ducs, marquis et comtes, et avoient aussi empiété *les droicts de souveraineté*, se qualifièrent *princes* particulièrement, prenant l'épithète commune pour un tiltre particulier.» (*Ibid.*, liv. des Seigneuries , p. 69.)

A l'égard du mot usurpation , dont l'auteur se sert assez fréquemment , il suffira de faire observer que rien, excepté ce qui vient de Dieu , n'est absolument irréprochable dans le principe, et que si la souveraineté a d'abord été usurpée par le plus grand nombre des feudataires ou barons du royaume, le fameux parlement de Chiersi-sur-Oise , tenu en 877 , sous Charles-le-Chauve, ayant reconnu l'hérédité des *bénéfices* et des priviléges qui s'y trouvaient attachés, avait rendu la souveraineté des anciens grands vassaux, depuis consacrée par le temps, et dont les Carlovingiens seuls auraient eu droit de se plaindre, aussi légitime que celle de tel souverain que ce soit, celle dés princes allemands, par exemple, dont les états étaient, comme les provinces de France, soumis au sceptre de Charlemagne, et que, sous ce prétexte, il serait curieux de vouloir aujourd'hui contester. Cette seule remarque fait voir

---

ces *anciennes principautes,* bien qu'avant l'adoption de ce terme, son chef-lieu proprement dit s'appelât usuellement seigneurie ou châtellenie (titre relevé quand il s'appliquait aux grands fiefs : « Les barons de France estant *grands chastelains,* et les simples chastelains *petits barons,* » dit Loyseau, chap. VII, p. 74), qu'un titre original un parchemin, que nous avons sous les yeux, est ainsi coté : « Aveu et dénombrement rendus à la *principauté de Pons* par le seigneur de Rabaine (en 1492). » Nous ferons remarquer, au surplus, que les hautes seigneuries dont les possesseurs participaient à la souveraineté, sont nommées, dans l'ancien livre des fiefs, *regales dignitates seu feuda regalia* (*ibid.,* chap. V, p. 48), mots qui certainement équipolent à celui de principauté, dont on ne s'est servi que beaucoup plus tard.

— « On n'était pas loin cependant du temps où ces *grandes principautés* (les terres des barons de France) devaient devenir le patrimoine de la couronne. » (*Mably, Obs. sur l'Hist de France*, t. II, p. 191.)

— « Quelqu'absolu que ce prince (Charlemagne) fût dans ses états, il donna origine aux *principautés* qui s'y formèrent. » (*Abregé chronol. des grands fiefs,* préf., p. 23.)

combien sont fondés les reproches déclamatoires que presque tous les historiographes ont élevés contre les *barons de France*, traités continuellement de rebelles, soit pour avoir méconnu le véritable état de la question, soit pour flatter le présent aux dépens de ce qui n'était plus.

Ne serait-il pas d'ailleurs permis de rappeler, à ce dernier égard, les trop constants efforts de la couronne pour anéantir tout autre pouvoir que le sien, et d'ajouter *inde iræ*, c'est-à-dire ligues, factions, guerre du bien public, etc., abstraction faite pourtant de quelques ambitions particulières (1)?

On peut consulter aussi les chapitres suivants de l'*Examen des fiefs*, par Brussel, dont l'intitulé seul est en quelque sorte une preuve.

CHAPITRE II. Que les hauts seigneurs se faisaient la guerre les uns aux autres.

CHAP. IX. Que les hauts seigneurs accordaient des coutumes aux villes (2).

CHAP. X. Que les hauts seigneurs et aussi plusieurs évêques et églises jouissaient du droit de battre monnaie.

CHAP. XI. Que les hauts seigneurs donnaient grâce aux criminels, et que tout haut justicier jugeait à mort sans appel.

---

(1) « En 1473, le roi ayant réuni la Guienne à la couronne par la mort de *Monsieur*, mit tout en œuvre pour détruire cette grande maison d'Armagnac, et réunir au domaine royal les provinces dont elle jouissoit ; il chargea de cette commission Pierre de Bourbon, comte de Beaujeu, qui se rendit dans l'Armagnac à la tête d'une armée, etc. » (*Abrégé chronol. des grands fiefs*, p. 264.) — « Les rois travaillaient sans cesse à détruire leurs vassaux.... Occupés du soin de réunir en eux seuls l'autorité, ils tentaient tout pour s'emparer des fiefs qu'ils ne possédaient pas. » (*Mably*, lieu cité, t. II, p. 190 et suiv.) Au reste, cette politique et ses conséquences sont assez bien appréciées dans ces lignes : « Une étude attentive y découvrira (il s'agit de la Fronde).... un combat de la féodalité qui expire, du tiers-état qui se produit, de la royauté qui s'émancipe, et *achève de détruire* la première pour *laisser plus tard tomber son pouvoir absolu aux mains du second.* » (*Journal des Débats*, 30 juin 1826.)

(2) On lit dans la nouvelle Généalogie de Pons, p. 20, que Renaud III, sire de Pons, concéda, l'an 1254, du consentement de Marguerite, dame de Bergerac, sa femme, le droit de *mairie* aux chevaliers et bourgeois de sa ville de Bergerac.

Chap. XII. Que les plus puissants d'entre les hauts seigneurs jugeaient souverainement toutes les causes civiles qui survenaient dans leurs terres

Mably (*Observ. sur l'Hist. de France*, tom. II, liv. III et IV), ou bien les paragraphes de la dissertation sur la noblesse par Boulainvilliers, dont l'un, page 109, porte ce titre : *Origine et fondement des souverainetés* ; et l'autre celui-ci : *Droits des seigneurs immédiats.*

Mais nous en avons assez dit, et comme insister sur une vérité historique déjà trop développée peut-être, serait faire injure, soit à la mémoire, soit au jugement du lecteur, nous conclurons seulement sur cette première proposition, que les sires de Pons étaient *princes*, parce qu'ils *participaient à la souveraineté*, ou, si l'on aime mieux cette autre preuve, parce qu'ils étaient *barons du royaume*, et que tous les *barons du royaume* étant *seigneurs souverains*, avaient la susdite *qualité* (1).

SECONDE PROPOSITION.

La qualité de prince nous appartient comme puînés.

Il vient d'être prouvé, d'une part, que la maison dont nous sommes l'un des chefs, est une branche puînée des sires de Pons, et, de l'autre, que ceux-ci étaient *seigneurs souverains* et *princes :* or, ces deux points justifiés, notre droit spécial à la qualité de prince est fondé sur un double titre.

Le premier résulte de ce que notre ligne représente seule au-

---

(1) L'opinion des auteurs contemporains est au surplus conforme sur ce point à celle des écrivains que nous avons cités : voyez, par exemple, M. de Lacepède (*Hist. de l'Europe*, t. IV, p. 457), qui, après avoir nommé, comme les principaux d'entre les croisés, le duc de Bourgogne, Godefroy de Bouillon, duc de la Basse-Lorraine, etc., ajoute, et plusieurs autres *princes* grands vassaux ; M. Michaud (*Hist. des Croisades*) ; Walter-Scott (*Quentin Durward*), qui fait dire par Philippe de Commines à Louis XI, retenu à Péronne sous la main du duc de Bourgogne : « Votre Majesté sera certainement requise de ne plus molester le duc de Bretagne...., et de ne plus contester le *droit* qu'ont vos grands feudataires de battre monnaie et de se nommer ducs et *princes*, par la grâce de Dieu, etc. »

jourd'hui la tige directe de Pons (1), attendu qu'une règle généralement admise (surtout pour les maisons souveraines), ne reconnaissant en généalogie ni prescription ni désuétude, toute branche cadette peut succéder à ses aînés en ce qui n'est pas distrait ou anéanti, c'est-à-dire quelquefois dans les biens et toujours à l'égard du *nom*, des *armes* et des *qualités*. On sait que 21 degrés séparaient Henri IV de son prédécesseur.

Le second, applicable même au cas où la tige principale existe, provient de ce que la *qualité princière* d'une souche est commune à ses différentes branches, sans que celles-ci aient pourtant un rang politique, et des priviléges effectifs semblables à ceux de leurs aînés; assertion que les principes et les faits justifient concurremment. Voici d'abord les principes, après avoir remarqué avec Besly (*Hist. des comtes de Poitiers*, p. 83), « que les enfants des *comtes* se disoient *comtes*, mesmement lorsque les comtés eurent été rendues héréditaires et patrimoniales. »

Du Cange (*Gloss.*, tom. V, p. 844), parlant des princes autres

---

(1) Cette tige, qui avait formé cinq branches ou rameaux successifs, savoir : 1° Brosses et Bourg-Charente ; 2° Mirambeau ; 3° la Caze ; 4° Thors ; 5° Roquefort, s'est éteinte dans la personne de Charles-Armand-Augustin, vicomte de Pons, dernier rejeton mâle de la précédente, qui, tombé sous la hache révolutionnaire le 17 juin 1794, n'a laissé qu'une fille, devenue marquise de Tourzel. Nous ne disons rien de plusieurs autres familles qui maintenant se font appeler *de Pons*, avec ou sans l'adjonction des titres de marquis, comtes, etc., parce qu'elles n'ont aucun rapport avec les sires de Pons, si ce n'est une fausse analogie de nom. Les auteurs de ces familles, dont l'une, d'ailleurs ancienne, a pris les armes de Pons depuis environ 1666, se nommaient dans l'origine *Pons* ou plutôt *Ponce*, nom d'un martyr, devenu celui de la race ; c'est ce qu'on appelle un nom patronimique, que raisonnablement la particule *de*, véritable abrégé de ces mots : souverain ou seigneur de tel endroit, ne devrait pas plus précéder qu'elle ne le doit à l'égard de tout autre simple nom d'homme.

Les sires de Pons, au contraire, tirent leur nom, toujours écrit en latin, *de Ponte* ou *de Pontibus*, tandis que l'autre est ortographié *Poncius*, de la ville de Pons en Saintonge, qu'eux ou leurs auteurs qui, d'après les chartes, paraissent avoir été les anciens vicomtes d'Aunay, maison puisssante au Xe siècle (*Généal. de Pons*, p. 3), et présumée sortie elle-même des premiers ducs d'Aquitaine. comtes de Poitou, ont possédée de temps immémorial. (*Voyez*, sur ces deux points, *Pièces justif.*, cot. L.)

que ceux du sang, dit, en termes.exprès, que leurs enfants *naissent princes* et en conservent *la qualité.*

Loyseau (*chap. II, nomb.* 13) déclare « qu'outre les princes en qui réside la souveraineté, il y a des *princes de race,* qu'il nomme *princes honoraires.* »

Enfin, et cette autorité est assez imposante pour que nous bornions là nos citations, on lit dans des lettres patentes de Louis XIII, données à Fontainebleau le 20 octobre 1629 (*Remarques de Godefroy sur l'hist. de Charles VIII,* p. 835 et suiv.), « que les *branches et lignées de princes* reconnus dans l'état, *tiennent rang de prince.* »

Quant aux faits, ils sont en quelque sorte unanimes; nous voyons effectivement que les *puînés* des maisons de Lorraine (Lambesc, Vaudémont, Marsan, aujourd'hui éteints), de Savoie, etc., sont tous *princes;* nous remarquons aussi que, surtout pour les chefs de branche, il en est de même dans les maisons princières d'Allemagne, soit régnantes soit médiatisées (1) (Hohenlohe, Reuss, Lichtenstein, Solms, Lobkowitz, Schœnbourg, Lœwestein, etc., indépendamment de celles du premier ordre, voy. l'almanach de Gotha), soit à diplôme, comme Beauffremont, Beauvau et autres, à moins qu'à l'égard de celles-ci, une disposition primitive en ait autrement décidé; dans celles de Russie (2), d'Italie, etc.

Pour ce qui est de la maison de Rohan, comme la décision intervenue à son profit, en 1757, forme un précédent célèbre et d'autant plus grave ici, qu'elle a résolu par le fait les principales questions qui nous ont servi de base, savoir : le droit au titre de *prince* de tous les seigneurs (immédiats ou arrières-vassaux de la cou-

---

(1) « Mesme les grands seigneurs d'Allemagne observent encore aujourd'hui les parages mieux que nous ; car les puisnés de leurs ducs, marquis et comtes, et autres potentats, prétendent tenir leur partage à pareil tiltre, droicts et prérogatives que leurs aisnés; c'est pourquoi tous les enfans des ducs et comtes d'Allemagne se qualifient ducs et comtes. » (*Loyseau,* chap. IX, p. 128.) Rien n'est changé à cet égard.

(2) Nous avons connu en Russie plusieurs familles (Galitzin, Hilkoff, Dolgorouky, Troubetzkoy, Viazemsky, etc.), dont les auteurs avaient gouverné divers petits états maintenant réunis à l'empire. Tous leurs membres ont été reconnus comme *princes de race* par les czars, et en portent aujourd'hui le titre.

ronne), qui jouissaient de la *souveraineté*, quel que fût, d'ailleurs, le titre particulier de leur domaine, et celui de leurs *puînés* à la même *qualité*, nous allons en traiter à part, conformément à ce qui a été dit en tête de ce Mémoire.

TROISIÈME SECTION.

CAUSE DES PRINCES DE ROHAN.

Personne n'ignore que toutes les branches de la maison de Rohan (Guéméné, Soubise, Rochefort) sont en possession du titre de *prince;* mais les raisons probantes du droit sont moins connues, et les voici :

La maison de Rohan provient d'Alain, vicomte de Rohan, troisième fils du vicomte Eudon, fils de Guéténoc, comte ou vicomte de Porrhoët (*Réponse à un écrit anonyme*, par l'abbé Géorgel, p. 21) (1), regardé lui-même comme *juveigneur* des comtes de Bretagne, et qui, dans ses domaines, jouissait comme eux des *droits de souveraineté.*

Cela posé, l'on a dit : les comtes de Porrhoët (vivant au XIe siècle) étaient *seigneurs souverains* (2), bien qu'ils relevassent des comtes de Bretagne, leurs aînés, vassaux eux-mêmes des ducs de

---

(1) Cet ouvrage, composé sur titres, et que nous citerons plusieurs fois, a été approuvé officiellement par MM. Duclos, Capperonier, de Brequigny, Chérin et de Gevigney, que le roi avait nommés pour en faire l'examen. (*Voyez* leur certificat à la fin du volume en question.)

(2) *Preuve.* La maison de Rohan ayant sollicité, en 1757, la recognition de sa qualité princière sur laquelle les princes du sang élevaient quelques difficultés, M. Clairambault, chargé de vérifier ses titres, lui délivra l'acte suivant, inséré page 26 de l'ouvrage cité : « Nous, généalogiste des ordres du Roi, ayant eu l'honneur d'être choisi par LL. AA. SS. monseigneur le duc d'Orléans, premier prince du sang, et monseigneur le comte de Clermont, prince du sang, pour vérifier l'origine de la maison de Rohan, certifions avoir fait la présente table généalogique sur les titres en bonne forme, depuis et y compris l'année 1021, à nous communiqués par M. le prince de Soubise, et avoir trouvé que la maison de Rohan a pour auteur les vicomtes et comtes de Porrhoët, aussi qualifiés vicomtes et comtes de Rennes et de Bretagne, connus comme *souverains* dans la Bretagne ; en foi de quoi nous avons signé le présent acte, et y avons apposé le cachet de nos armes. A Paris, le 18 février 1757. (Signé) *Clairambault.*

Normandie, feudataires de la couronne (1), et par conséquent *princes*; les rejetons d'une maison qui a été souveraine, ont droit à la même qualité qu'elle (2); donc les vicomtes de Rohan, provenant des comtes de Porrhoët et les représentant d'ailleurs, sont *princes de race.*

A l'égard de l'application que nous prétendons faire de ce qui vient d'être exposé, nous n'avons à prononcer qu'un mot aussi précis que péremptoire, c'est qu'entre les deux espèces il existe une complète analogie, sans toutefois prétendre à aucune autre comparaison avec la maison de Rohan, bien que nos auteurs aient aussi payé leur tribut à la monarchie, notamment sous les règnes de François Ier, d'Henri IV qui ne l'ignorait pas (3), et dans ces derniers temps; que nous descendions de la famille royale de Lusignan (4); (*pièces justif.*, cot. C); que par notre mère, née Montmorin, dont

---

(1) Voyez à la fin, la note *d.*

(2) *Preuve.* « A Versailles, le 27 avril 1757. Le roi m'ordonne, Monseigneur, de vous faire savoir que LL. AA. SS. M. le duc d'Orléans et M. le comte de Clermont, ont déclaré à S. M., qu'après avoir examiné les titres qui prouvent que la maison de Rohan descend des comtes de Porrhoët, connus comme *souverains* en Bretagne, ils reconnaissent le droit et la possession où *elle* est *de prendre la qualité de prince par définition d'état,* et de jouir des honneurs attachés à cette *qualité,* etc. (Signé) *Saint-Florentin,* et pour suscription : A monseigneur, monseigneur le prince de Souhise » (chef, comme nous, d'une branche de sa maison.) (*Ibid.,* p. 103.)

(3) On conserve dans la famille un assez grand nombre de lettres de plusieurs rois de France, entre autres celles que Henri IV écrivit de sa main à l'un de nos prédécesseurs, gouverneur en Saintonge, et dans lesquelles il le traite de *son bon ami,* l'assure de son amitié et de l'entière confiance qu'il avait dans sa capacité, etc. (*Lettres d'érect. du marquisat de la Châtaigneraye, et extr. généal.*)

(4) Cette circonstance n'est certainement pas donnée comme preuve de notre extraction des sires de Pons; il sera bon cependant de remarquer qu'à l'époque même où Gombaut Ier, seigneur d'Asnières, épousa Arsende de Lusignan (vers 1230), la maison de ce nom possédait le comté de la Marche, outre plusieurs autres grands fiefs, et avait occupé ou occupait encore les trônes de Jérusalem, d'Arménie et de Chypre; et que, vu les mœurs du temps, il est à croire que cette Arsende s'était alliée avec une maison d'égal rang que la sienne.

On peut également rappeler à ce sujet l'alliance de Gombaut III (en 1317) avec Agnès de Maumusson (de la maison des princes ou sires de Blaye). *Voyez* plus haut, ainsi que les susdites lettres d'érection.

les ancêtres florissaient dès le temps du roi Lothaire, nous ayons l'avantage de compter parmi nos ascendants maternels deux princesses, l'une de la maison régnante (Jeanne de Bourbon-Vendôme), l'autre du sang de Navarre (Sancie, fille du roi Garcie-Ramire), d'être apparenté à la maison de Lorraine, à celle des comtes d'Auvergne, ducs souverains de Bouillon, etc. (*Pièces justificat.*, cot. K.)

Dès le XIe siècle, en effet, les sires de Pons étaient *seigneurs souverains*, et *princes* à ce titre ; d'un autre côté, nous en sommes provenus vers la même époque où les vicomtes de Rohan sont sortis des comtes de Porrhoët, et nous les représentons après les mêmes vicissitudes, c'est-à-dire abolition des droits de souveraineté, extinction des tiges-mères, perte des domaines primitifs, etc.; donc la *qualité* de *prince* reconnue aux descendants des premiers (1), appartient aussi à ceux des seconds.

Que si, oubliant les principes ci-dessus énoncés, et confondant la *qualité* propre à toute la race, avec le *titre* d'une terre érigée en faveur de telle ou telle ligne, on prétendait que *la qualité de prince*, inhérente à la principauté, ne saurait appartenir aux branches cadettes qui en sont privées, nous répondrions d'abord incidemment que divers sujets des maisons de Lorraine, de Foix, de Clèves, de Bretagne-Penthièvre, etc., ont en France été considérés comme *princes*, sans posséder de seigneuries souveraines, et, qui plus est, sans être aptes à devenir souverains (2) ; ensuite, que cette difficulté est entièrement hors de cause, par la reconnaissance formelle des droits de la maison de Rohan qui, réduite à son apanage, ne posséda jamais à titre successif, ni l'autorité souveraine de

---

(1) Nous ferons observer à cette occasion que la maison de Rohan, forte de ses droits originaires, n'a pas regardé leur récognition comme lui étant indispensable, et qu'à partir de 1505 (règne de Louis XII), où le titre de *prince* devint spécialement caractéristique d'une descendance de maison souveraine, elle le reprit sans autres formalités. (*Voyez les nombreuses preuves qu'en donne l'abbé Georgel, ouv. cité.*)

(2) Remarquons, en outre, que, le 18 août 1825, la diète germanique a consacré le principe, en accordant d'une voix unanime le titre d'altesse à tous les anciens membres de l'empire, aujourd'hui médiatisés.

ses auteurs, ni même leurs domaines utiles passés à des familles étrangères, ou réunis à la couronne.

L'observation qui, à notre égard, consisterait à objecter que jusqu'à ce moment nous avons seulement porté les titres de seigneur, de châtelain, de comte et de marquis, attachés à nos terres, ne serait pas mieux fondée, car on pourrait encore citer la maison de Rohan dont aucun des membres, si ce n'est à l'époque ci-dessus précisée, n'a pris d'autres titres que celui de vicomte ou de baron afférent à l'apanage, sans affaiblir en rien la faculté que, plus tard, elle jugea à propos d'exercer.

Quant à ceux qui se retrancheraient à dire que le droit en question n'a pas eu d'effet depuis la défaillance de la tige directe de Pons; qui penseraient qu'une autorisation préalable est nécessaire à son exercice, ou peut-être en redouteraient les conséquences, il nous suffira de répondre, sur le premier point, qu'une branche peut avoir méconnu ses titres ou n'en avoir pas fait usage, sans nuire à ceux d'une autre (c'est ce que les Anglais appellent *droit dormant*); que nous avons produit les nôtres aussitôt qu'ils ont pu être établis légalement, et d'ailleurs, comme il a déjà été dit, qu'en généalogie nulle prescription ne saurait être opposée.

Sur le second, «que les familles qui descendent d'une ancienne race, n'usurpent point en reprenant le *nom* et le *titre* de leurs ancêtres qui peuvent avoir été interrompus par des cadets à la différence de leurs aînés, quoiqu'ils le fassent *sans lettres du prince* (1). » (La Roque, *Trait. de la Nobl. orig. des noms.*)

Sur le troisième enfin, que si, comme nous n'en doutons pas, il existe encore dans les rangs de la haute noblesse, des familles issues de nos anciennes maisons souveraines presque généralement éteintes, la difficulté de *justifier* cette origine (tant la rouille des siècles et le vandalisme révolutionnaire y ont mis bon ordre), les réduit de fait à un bien petit nombre, et, d'ailleurs, qu'il paraît inutile d'établir sérieusement la compatibilité d'une monarchie de quatorze siècles avec de telles illustrations.

---

(1) C'est ce qu'ont fait entre autres les seigneurs de Drubec et Valzemey (Mallet-Crasménil), ceux de Lezay, etc., à l'égard des Graville et des Lusignan leurs auteurs. (*La Roque, lieu cité.*)

Le droit fondamental est donc prouvé non-seulement par des raisons qui lui sont propres, mais de plus par similitude, et certes on doit d'autant moins craindre de l'affirmer nettement, que loin d'avoir été proscrit par l'ancienne législation ou la nouvellé, cette dernière l'a même confirmé implicitement. Il ne serait pas concevable, en effet, qu'un privilége honorifique maintenu pour toute la noblesse, et d'ailleurs indestructible de sa nature, fût interdit aux familles que leur position sociale avait placées aux premiers rangs de la hiérarchie (1), et qu'on pensât à refuser la qualification aux représentants de ceux qui, durant plus de six siècles, y joignirent les droits effectifs; car il est à remarquer que la puissance des sires de Pons, perpétuée jusqu'en 1589, époque où s'éteignit la tige principale, a survécu à celle de presque tous les autres grands vassaux.

En résumé, et conformément à l'ordre des matières développées ci-dessus, nous maintenons sans aucun doute, que *le droit* tant pour l'*origine* que pour la *qualité*, ne saurait être infirmé que dans le cas où, par des exemples et des arguments dont nous ne pouvons même soupçonner l'existence, il serait démontré :

Que l'extrait généalogique produit par nous, comme nos preuves de noblesse, ou ne vient pas du cabinet du Saint-Esprit, ou se trouve entaché, soit de vice, soit d'erreur;

Que des preuves dressées sur *titres* par un généalogiste des ordres, et que le roi lui-même a regardées comme *chose jugée*, en admettant aux honneurs de sa cour ceux qui les avaient faites,

---

(1) «Partant nous avons trois degrés de noblesse, savoir : les simples nobles..... ceux de la haute noblesse.... et ceux du suprême degré que nous nommons *princes.* » (Loyseau, liv. des *Ordres en general*, p. 44), lesquels, avait-il dit plus haut, «Sont ceux qui possèdent des seigneuries souveraines et mesmement y aspirent par droict d'agnation ou de parenté masculine.» Le même auteur déclare encore (chap. VII, p. 88) «qu'à présent c'est un droict établi en France sans controverse, que le tiltre et le rang de *prince* ne peut provenir que de *race*, n'estant la principauté *dative* ains *native*,.... qu'en conséquence chacun qui a pu, s'est prévalu de son extraction pour s'installer en l'ordre des princes, de sorte qu'il s'y est trouvé encore d'autres princes que ceux du sang royal, chose dont il ne faut plus douter, attendu que l'ordonnance de 1576.... en énonce expressément d'autres, et mesme que la préface des édicts de nos rois contient ordinairement qu'ils ont sur iceux pris l'advis des princes du sang et *autres princes* et seigneurs de leur cour. »

peuvent être récusées en tout ou en partie, chose d'ailleurs qui ne s'est pas encore vue;

Que les mots *parageur* et *frère puîné apanagé*, n'étaient ou ne sont point synonymes, ou bien qu'une maison peut avoir été *paragère* d'une autre sans en être *branche puînée;*

Que M. Chérin père, généalogiste des ordres, en déclarant, dans son travail officiel, *notre parage* ÉTABLI DE LA MANIÈRE LA MOINS ÉQUIVOQUE, au moyen de quatre hommages ou dénombrements rendus par nos auteurs aux sires de Pons en 1384, 1430, 1460 et 1482, et reproduits en bonne forme, joints à plusieurs autres preuves concordantes, a pu exprimer autre chose que notre descendance masculine de la souche même de Pons;

Que dès avant notre formation, les sires de Pons ne participaient pas à la *souveraineté*, nonobstant les grandes alliances qui depuis ont accru leurs possessions, ou, si l'on veut, qu'ils n'étaient pas feudataires immédiats de la couronne (barons du royaume) d'une part, et de l'autre, que tous les susdits feudataires n'étaient pas reconnus comme *seigneurs souverains* dans leurs domaines, ni génériquement qualifiés *princes;*

Que les branches cadettes ne remplacent point leurs aînés quand ceux-ci viennent à défaillir; que d'ailleurs la *qualité princière* de la souche n'est pas commune à ses rejetons; et, mieux encore, que nous ne sommes pas l'un des chefs de la maison dont jusqu'à présent nous avons porté le nom et les armes;

Enfin, que la preuve par la tenue en *juveignerie* ou en *parage* (c'est une même chose sous deux noms différents), produite et admise *seule* pour la jonction des comtes de Porrhoët avec les comtes de Bretagne, exhibée même pour celle des vicomtes de Rohan avec les premiers (1), ne saurait établir la nôtre avec les sires de Pons; en un mot, que la majeure partie de ces questions, et notamment celle qui concerne la *qualité*, ayant été décidées à l'avantage des princes de Rohan, ne peuvent avoir disposé pour les cas identiques.

Mais, nous aimons à le croire, rien de tout cela n'est à craindre;

---

(1) Les états de Bretagne disaient au roi, en 1748, «que la vicomté de Rohan est un *partage* du comté de Porrhoët, et Porrhoët un *partage* du comté de Rennes et du duché de Bretagne.» (Voir *l'abbé Georgel*, p. 26.)

l'on concevra au contraire que ces propositions connexes : *Nous sommes puînés des sires de Pons*; *ceux-ci étaient* 1° SEIGNEURS SOUVERAINS; 2° BARONS DU ROYAUME, *et dès-lors à ce double titre* PRINCES *de fait comme de nom; toute branche de maison princière, nécessairement princière, succède de droit à ses aînés; donc la qualité de prince serait un privilége de notre naissance, quand elle ne nous appartiendrait pas comme l'un des représentants de la tige-mère éteinte,* sont fondées sur des bases trop solides pour qu'il soit possible de les détruire, et que si les métaux précieux peuvent, à certains égards, avoir besoin de la marque du prince, leur véritable titre en est indépendant.

SUPPLÉMENT.

RÉPONSE A QUELQUES OBJECTIONS.

Parmi les difficultés qui pourraient être opposées, nous avons choisi les suivantes comme celles dont la réfutation semble importer d'avantage.

Première objection. Nulle part, et dans aucun temps, les seigneurs d'Asnières n'ont pris le nom ni les armes de Pons.

Réponse. Cela est vrai et devait être ainsi. Les cadets sans exception qui ont fait souche avant 1200, c'est-à-dire à l'époque où les noms ont commencé *seulement* à être fixes et héréditaires, (*voy.* Du Cange, Ménage, du Tillet (1), etc.,) se virent *obligés* de prendre un nom d'apanage transmis à tous leurs descendants, en attendant que celui de la *race* pût devenir propre à ces derniers, ce qui est arrivé à notre égard. Nous citerons, entre une multitude d'exemples, deux fils puînés de Louis-le-Gros dont les noms devinrent *Dreux* et *Courtenay ;* la branche régnante nommée d'abord *Clermont,* puis *Bourbon ;* Robert, deuxième fils de Renaud, comte de Nevers (mort l'an 1040), qui fut la tige des seigneurs de *Craon ;* un des puînés de Bretagne appelé *Porrhoet ;* ceux de Porrhoël, *Rohan ;* ceux de Lusignan, *Lezay, Saint-Gelais-Lansac, Pembrock et Couhé ;* ceux de Champagne, *Sancerre* et *Chartres ;* ceux de Commercy, *Châteauvillain,* ainsi que toute leur postérité, etc.

Il était de même enjoint aux cadets de ne pas prendre ou du moins de modifier les armes et le cri de la maison ; car, dit Du

---

(1) Cet auteur s'exprime ainsi (*Recueil des rois,* p. 6) : « Mais il convient entendre que les surnoms des seigneurs et gentilshommes n'estoient continuez qu'au fils aîné qui héritoit au principal fief, et les puisnés prenoient leurs noms du principal fief de leur partage. »

Cange (*Dissert. XII*, p. 220), «le *nom*, le *cri* et *les pleines armes* appartenaient à l'aîné (1). »

Au reste, le souvenir de notre extraction des sires de Pons ne s'étant conservé parmi nous que par tradition jusqu'à ces derniers temps, cela ne suffisait pas pour reprendre le nom de Pons, puisque surtout il était encore porté par des sujets de la tige principale (2). Il n'en est pas de même aujourd'hui.

Seconde objection. Pourquoi les actes d'hommage ou de dénombrement qui établissent notre *parage* avec les sires de Pons, n'en renferment-ils pas la mention expresse ou plutôt celle de notre descendance?

Réponse. Nous dirons à ce sujet que nos pères, assez avares de paroles et même de parchemin (Brussel en a fait la remarque, tom. Ier, p. 97, pour le douzième siècle et les suivants), ne se donnaient pas la peine d'exprimer ce que tout le monde savait; il est facile dès-lors de concevoir que si l'acte d'hommage rendu en 1584 par Poincy, seigneur d'Asnières, au sire de Pons, et celui de Séguin en 1430, n'en contiennent pas littéralement le motif, c'est que rien n'était moins nécessaire, les deux parties sachant à l'égard du premier, que le *parage* venait de cesser, et que dès ce moment *l'hommage* était dû.

Nous ajouterons, néanmoins, que la preuve s'en trouve virtuellement exprimée dans l'acte même de l'hommage rendu par

---

(1) Nos armes, bien qu'offrant les mêmes émaux que celles de Pons (l'argent et le gueules), ne leur sont point semblables. Les premières, en effet, sont *d'argent à trois croissants de gueules;* les secondes, *d'argent* à la fasce bandée d'or et de *gueules* de six pièces dont par conséquent *trois de gueules.*

«Ce fut vers le règne de Saint-Louis... que les *brisures* furent introduites, pour distinguer les puînés des aînés, parce qu'auparavant l'aîné seul continuoit les armes de la famille, et chaque puîné en portoit d'autres qui avoient quelquefois du rapport à l'écu de l'aîné au *regard des émaux*, et non pour la figure, etc. » (La Roque, *Trait. du blason*, p. 49.)

(2) Le nom de Pons se lit pourtant une fois dans nos actes, conjointement avec celui d'apanage. (Voyez *le Traité de mariage de Gombaut d'Asnières*, damoiseau de Pons, en 1317; *Extr. généal.*, ou *Pièces justif.*, cot. F.) Mais, comme il a été dit, nous n'en prétendons tirer aucun argument.

Poincy (remarquez que c'est le premier), auquel M. Chérin renvoie comme à une preuve antécédente, et dont voici l'extrait :

«Poincy *de Asneriis*, valet (écuyer) reconnut, le samedi avant la fête de saint Grégoire 1384, qu'il tenait en hommage-lige et achapt (*achaptamentum*) ou devoir de deux sous à prendre au temps d'hiver sur les fours du moulin d'Asnières (1), de noble et puissant homme monseigneur le seigneur de Pons, le maynil et arbergement *de Asneriis* avec ses appartenances, situé assez proche de la ville de Pons.... un fief appelé Breuil-Charla.... le fief de Sarminières et autres, etc.» (Voir *Pièces justif.*, cot. A.)

Quelles étaient, en effet, les marques caractéristiques des fiefs que les frères et descendants de frères tenaient ou avaient tenus en *parage* de leurs aînés?

C'était d'abord la dispense de *l'hommage* pendant sept générations, après lesquelles *l'hommage* était nécessairement dû à l'aîné, chef-seigneur; ensuite, l'avantage de ne pouvoir être chargés, quand le *parage* avait pris fin, que d'un modique devoir ou acapt (appelé le menu cens), comme un ronçin de service, deux sous, un épervier, une anguille, etc., suivant les coutumes ou les conventions. (*Voyez* les textes nombreux rapportés dans le corps du Mémoire, et surtout ce passage si formel des établissements de Saint-Louis, précisément en vigueur à l'époque dont nous nous occupons : «Quand aucun hons, etc.,» lequel témoigne, par sa dernière phrase, que le fief *sorti de parage* ne pouvait être sujet à aucune prestation onéreuse, preuve certaine au surplus, car l'exception suppose la règle, que tous les autres fiefs étaient grevés de véritables redevances ou obligations; ce qui n'est ignoré de personne.)

Or, à partir du douzième siècle, jusqu'au susdit hommage de Poincy, en 1384, non-seulement on ne remarque aucune trace d'hommage ou de vasselage ordinaire dans nos actes, mais encore on en trouve la dispense implicite dans celui de 1235. On observe de plus, au moyen de ce premier hommage, que nos fiefs ne durent subséquemment que *deux sous* ou *une anguille*, donc

---

(1) Les actes de 1460 et 1482 ajoutent : «Ou une anguille la meilleure qui seroit prise dans la fuerne du môlin d'Asnières.»

la preuve qu'ils avaient été *fiefs de parage*, ressort de l'acte même d'hommage que nous avons invoqué; donc encore; puisque dans la coutume de Saintonge, le *parage* n'avait lieu qu'entre frères ou leurs descendants, à moins qu'il n'existât plus de mâles, l'acte qui justifie le *parage*, contient par cela même la preuve de *l'origine.*

TROISIÈME OBJECTION. Les sires de Pons ne paraissent ordinairement qualifiés que sires ou barons; par quelle raison n'ont-ils pas aussi le titre de princes?

RÉPONSE. Nous ferons d'abord remarquer que les actes employés à dresser leur nouvelle généalogie imprimée, bien que suffisants pour établir les degrés, ne composent peut-être pas la centième partie des originaux non retrouvés, qui avaient été produits au cabinet des ordres (ils remplissaient 7 malles et 145 cartons), et, du reste, qu'il en est plusieurs où les sires de Pons ont le titre de *magnifique* généralement affecté aux *princes* (1). (*Nouv. Généal. de Pons*, pp. 3o et 33.)

Ensuite, que le titre *héréditaire* de *sire* n'appartenait qu'à de hauts seigneurs, *barons du royaume* (voyez *ce que nous en avons dit seconde section du Mémoire*, § I), et que ceux-ci étant princes (*ibid.*, § II), qui dit *sire*, en cette acception, dit nécessairement *prince*.

Nous ajouterons avec l'abbé Georgel (*Rép. à un écrit anonyme*, p. 57), que jusqu'au règne de Louis XII, le titre de *prince* n'étant pas regardé comme essentiel pour caractériser une descendance de maison souveraine, ni même l'état de souverain, les *hauts barons*, y compris les princes du sang, ne portaient guère que le titre de leur principal domaine, soit duché, comté ou sirerie, bien que celui de *prince* leur appartînt, et n'étaient qualifiés ordinairement que *barons*, *seigneurs* ou *messires*.

Enfin, que nous croyons avoir plus fait en montrant que les

---

(1) Dans un instrument du 13 septembre 1391, rapporté par Du Tillet (*Recueil des rangs*, p. 58), monsieur Guillaume de Bavière, comte d'Ostrevant, est dit fils aîné de noble et *magnifique* homme monsieur le comte de Hainau. — « Quemdam egregium et *magnificum* virum dominum videlicet Gastonem de Bearn, operi perfecerunt. » (*Guill. de Tyr*, lib. VIII, cap. 10.)

sires de Pons avaient réellement le rang et la dignité de *princes*, que si nous avions exhibé telle charte où, contrairement à l'usage, ils se trouveraient plutôt désignés par ce titre que par celui de *sire*, de *baron* ou de *seigneur*.

Voici, en tout cas, quelques preuves de ce que nous venons d'avancer. « Furent audit sacre (celui de Charles V), les évêques de Laon, etc...., et les *barons* Loys, duc d'Anjou, Philippe, duc de Tourraine, frères du roi, le duc de Brabant.... le duc de Lorraine... le duc de Bar... et plusieurs autres nobles *barons*... au sacre de Charles VI, eut grand nombre de *seigneurs*, ses quatre oncles, Anjou, Berry, Bourgogne et Bourbon..... là étoient ses cousins.... *enfants de hauts barons de France.* » (*Godefroy*, tom. Ier, pp. 151 et 155.)

— « Toutefois encore ne trouve-t-on guère en ce temps-là (treizième siècle) qu'ils (ceux de la lignée royale) se qualifiassent *princes*, ains les *seigneurs* du lignage du roi. » (*Loyseau*.)

— Les comtes de Bretagne-Penthièvre reconnus pour princes de naissance, ne sont qualifiés que *très-hauts et très-puissants seigneurs* dans tous leurs actes et notamment dans le contrat de mariage de Guillaume de Bretagne avec Isabeau de la Tour. (*Act. de Bret.*, tom. II, col. 1524 ; voir l'*abbé Georgel*, p. 139.)

— Dans un traité de partage accordé à Pierre de Bretagne, fils du duc Jean V, ce prince n'est qualifié que *messire* Pierre de Bretagne. (*Ibid.*, col. 1519; *ibid.*)

— Dans les articles accordés pour le mariage de Jeanne de Bretagne, fille du duc Artus II, avec Robert, comte de Flandre, celui-ci est simplement nommé Robert de Flandre, *sire de Cassel*, et même *messire* Robert. (*Chamb. des compt. de Paris*, et *Act. de Bretagne*, tom. Ier, col. 1331 ; *ibid.*, p. 138.)

— Un titre original du 22 janvier 1580 (*Manusc. de Béthune*, à la Bibl., n° 28, et *Mém. pour servir à l'histoire de Bretagne*, par dom Morice, col. 1457, *ibid.*, p. 140), ne qualifie un prince de la maison de Savoie que *messire* Jacques de Savoie, fils de *messire* Philippe de Savoie et de Charlotte d'Orléans, etc.

Que conclure de tous ces exemples, ajoute, pag. 142, l'auteur cité, et d'une foule d'autres qu'on pourrait rapporter ? « Qu'alors la sévérité de l'étiquette n'obligeoit pas à prendre dans ces sortes d'actes les scrupuleuses précautions qu'on prend aujourd'hui;

dans ces temps reculés le titre de *prince* se prenoit rarement ; les princes même du sang et les autres princes de maison souverai-ne, ne se-désignoient que par le nom de leur seigneurie ; *messire de Bourbon*, le *sire de Beaujeu*, le *seigneur d'Orval*, le *seigneur de Ravestein*, etc. »

QUATRIÈME OBJECTION. Aucun des actes produits jusqu'à ce moment, n'établit la jonction positive des seigneurs d'Asnières avec les sires de Pons, ou, en d'autres termes, ne précise le sujet qui a donné naissance à leur auteur.

RÉPONSE. Toute preuve générale d'extraction masculine suffit rigoureusement pour établir la qualité de puîné, car il importe assez peu à la question en elle-même qu'on soit issu de tel ou tel mâle de la famille; nous avons donc satisfait à ce qui peut être exigé en démontrant l'existence de notre *parage* à l'égard des sires de Pons; quant au reste, ce n'est qu'un objet de curiosité ou de satisfaction, souvent bien difficile à éclaircir, lorsque la sépara-tion d'une branche a eu lieu dans le douzième siècle dont les actes déjà rares, parce qu'alors on n'en passait qu'un petit nombre, le sont devenus encore plus à raison du laps de temps.

Nous en dirons cependant quelques mots, en ayant soin de fonder nos assertions sur ceux des faits et documents qui sont venus jusqu'à nous.

D'abord, l'époque de la formation de notre ligne n'est pas dou-teuse; c'est vers 1180 qu'il faut la placer, car Pontus *de Asneriis,* premier seigneur du nom, étant prouvé père de Gombaut Ier, ma-jeur en 1235 (*Extr. généal.,* ou *Pièces justif., act. orig.,* col. C), doit être né en ce temps.

Il est également certain 1° que ce Pontus a été fils d'un collaté-ral et non d'un aîné sire de Pons, car celui-ci ne pouvant avoir été *parageur* de personne, ou si l'on veut, Pontus, dans cette hypo-thèse, devant être le premier *parageur,* on ne trouverait pour la *tenue en parage* que six degrés marqués par ledit Pontus, Gom-baut Ier, Guillaume, Gombaut III, Hélie et Gombaut IV, der-nier *parageur,* (voyez *l'hommage* qu'en 1384 Poincy, son succes-seur immédiat, rendit au sire de Pons), au lieu des sept qui lui sont nécessaires; 2° que le susdit collatéral était fils d'un aîné sire de Pons, parce qu'en le supposant petit-fils ou arrière-petit-fils, son aïeul et son père devant compter chacun pour un degré, le *parage* aurait au contraire duré huit ou neuf générations, ce qu'on ne saurait admettre.

Mais quel était ce collatéral, ce puîné père de Pontus? Voilà où commencent les difficultés.

Les seuls sujets sur lesquels nous croyons que doivent se porter les conjectures, sont Renaud l'Ancien dit *Palmerius* ou Pélerin, Bertrand surnommé le Fort, et Pontus ou Poncius, tous trois fils puînés de Pontus ou Poncius Ier, sire de Pons (1).

Rien n'indique que Bertrand, tué vers 1173, dans une guerre contre Richard, duc de Guienne, soit l'auteur que nous cherchons.

Il n'a été retrouvé aucun acte particulier touchant Pontus ou Poncius qui paraît être mort jeune et sans postérité; reste donc le premier; or, voici nos raisons :

Il est prouvé, d'une part (*Généal. imp. de Pons*, p. 8), qu'en 1216 et 1217, Renaud l'Ancien se qualifiait *seigneur de Pérignac* (sans doute en partie), et de l'autre, que les seigneurs d'Asnières possédaient à *Pérignac* même, des fiefs qui, en 1483, devinrent la matière d'un échange entre Jean Ier, seigneur d'Asnières, de la Chapelle, etc., et Gui sire de Pons. (*Voy*. cet acte, *Extr. généal.*, p. 20, ou *Pièces justif.*, cot. H.) C'est une première présomption, les terres nobles à cette époque ne sortant guère de la famille, et les seigneurs d'Asnières n'ayant dû avoir les leurs à *Pérignac* que commé héritiers de l'ancien seigneur de ce lieu qui, au surplus, était demeuré ou retourné en principal aux aînés sires de Pons. (*Voy*. leur *Généal. imp.*, p. 12 et suiv.)

Une seconde résulte des trois croissants de nos armoiries; en effet, les besans, les merlettes, les coquilles, les croissants, etc., furent pris dans l'origine par les Croisés en mémoire de leur ex-

---

(1) Le rédacteur de notre généalogie imprimée (*Nouv. hist. généal. des Pairs*, etc., par M. le chevalier de Courcelles, tom. IV), s'est déterminé pour Geoffroy (IV), frère unique de Renaud II, sire de Pons, d'après le motif, vrai en partie, comme on le verra plus loin, qu'il a développé dans ses notes. Nous y renvoyons sans cesser de regarder notre conjecture comme appuyée sur des inductions préférables.

pédition, et surtout par les cadets, attendu qu'alors les armes de la maison ne leur étaient pas propres (*voy.* le Mém., ci-dessus); mais Renaud l'Ancien avait fait le voyage de la terre sainte, comme le témoigne d'ailleurs son surnom de *Palmerius* ou Pélerin; il est donc très-possible, disons même très-probable, que nos armes, *d'argent à trois croissants de gueules,* qui, du reste, ainsi qu'on l'a déjà observé, offrent les mêmes émaux que celles de Pons, aient été les siennes, et dès-lors que nous en descendons (1).

Un troisième motif, qu'on peut mentionner aussi quoique plus général, ressort d'un ancien usage bien connu. On sait que, dès le douzième siècle, beaucoup de familles affectaient de conserver les mêmes noms de baptême (La Roque, *Trait. des noms,* p. 45), et spécialement que le chef de la maison donnant son nom baptismal à l'un de ses fils, quelquefois même à deux, il était fort rare que si ce fils mourait, le susdit nom ne passât pas à un petit-fils (*Introd. à la nouv. Généal. des Pairs,* etc.); or,- 1° le père de Renaud l'Ancien s'appelait Pontus ou Poncius (Ponce en français); 2° Pontus ou Poncius, son dernier fils, n'a laissé aucune trace d'existence; 3° le seigneur d'Asnières, que nous regardons comme fils dudit Renaud, s'appelait également Pontus, donc il est à croire que celui-ci a eu le premier pour aïeul (2).

Les degrés devraient, dans ce cas, être rectifiés conformément au tableau suivant, destiné à expliquer la descendance et la durée du parage, lequel tableau, à partir de Pontus, est conforme à

---

(1) Une observation essentielle, et sans laquelle la présente induction ne saurait avoir lieu, c'est que nous sommes issus d'un aîné seigneur d'Asnières, et que nous avons en conséquence les armes primitives de la famille.

(2) Notre propre ligne offre divers exemples à l'appui. Ainsi Gombaut Ier fut père de Guillaume dont le fils s'appela Gombaut (IIe), comme son aïeul. Gombaut (IIIe), fils de ce dernier mort avant son père, eut Hélie qui donna à son fils le même nom de Gombaut (IVe), qu'avait également porté l'aïeul de celui-ci. Poincy vint ensuite et nomma encore son fils Gombaut (V[e]). Le susdit nom d'Hélie était d'ailleurs, vers cette même époque, assez fréquent dans la maison de Pons, témoin Hélis, mariée en 1280; Hélie-Rudel Ier, Hélie-Rudel IIe, morts, l'un vers 1290, l'autre en 1334; Hélie, évêque d'Angoulême en 1363, etc.

l'extrait généalogique, ainsi qu'à l'acte original, cot. C, aux pièces justificatives.

Pontus ou Poncius Ier du nom, sire DE PONS, né vers 1120, et mort avant 1191, eut pour fils, 1° Geoffroy III, devenu sire de Pons; 2° Renaud l'Ancien, dit *Palmerius;* 3° Bertrand, surnommé le Fort; 4° Raimond, évêque de Périgueux; 5° Poncius, évêque de Saintes; 6° Pontus ou Poncius dont on ignore la destinée.

Ier DEGRÉ DU PARAGE.

Renaud l'Ancien, chevalier, 2e fils de Pontus ou Poncius Ier, sire DE PONS.

IIe DEGRÉ.

Pontus, seigneur *de Asneriis,* chevalier, né vers 1180, et père de

IIIe DEGRÉ.

Gombaut Ier, seigneur *de Asneriis,* chevalier, marié à Arsende de Lusignan, dont il eut,

IVe DEGRÉ.

Guillaume, seigneur *de Asneriis,* chevalier, auquel succéda son petit-fils qui suit (1),

Ve DEGRÉ.

Gombaut III, seigneur *de Asneriis,* qualifié damoiseau de Pons, puis chevalier, lequel eut,

VIe DEGRÉ.

Hélie, seigneur *de Asneriis,* valet (écuyer), dont naquit,

---

(1) Le fils de Guillaume fut Gombaut d'Asnières, IIe du nom; nous avons déjà fait observer qu'étant mort avant son père, il ne compte pas pour la tenue en parage.

VIIe DEGRÉ.

Gombaut IV, seigneur *d'Asnières,* de la Chapelle, etc., qui eut pour successeur,

VIIIe DEGRÉ.

Poincy, seigneur *d'Asnières,* valet (écuyer), qui
le premier rendit hommage au sire de Pons en
1384, et témoigne ainsi que, selon la règle, le
parage avait cessé au degré précédent.

IXe DEGRÉ.

Gombaut V, seigneur *d'Asnières,* etc. (1).

Au surplus, rien dans les dates ne contrarie cette opinion;
Pontus ou Poncius, sire de Pons, père de Renaud l'Ancien, étant
déjà mort en 1191, comme le prouve un acte passé à cette époque par Renaud II, sire de Pons, son petit-fils (*Généal. imp. de
Pons,* p. 12), soit dit l'an 1181, a pu naître en 1120, et avoir eu
Renaud l'Ancien 30 ans après, c'est-à-dire en 1150. Celui-ci,
après le même laps de temps, ou bien en 1180, a pu être père de
Pontus; au bout de 30 ans, autrement dit en 1210, Pontus peut
à son tour avoir eu Gombaut Ier, qui, en 1235, aurait été majeur
de 25, 26 ou 27 ans, suivant qu'on reculera plus ou moins les
époques ci-dessus marquées.

Voici maintenant comment, dans cette hypothèse, nous expli-
quons la *reprise en augment. de fief,* faite par Gombaut Ier en
1235.

D'abord Renaud l'Ancien, né vers 1150, est certainement mort
après 1228, car, à partir de cette année, il ne figure plus nulle
part. Pontus, son fils et successeur, né vers 1180, a pu mourir
en 1230, ou un peu plus tard, après avoir vécu de 50 à 52 ans;

---

(1) *Voyez,* pour les autres degrés, jusqu'à nous-mêmes, soit les preuves qui
ont fait admettre notre ascendant immédiat aux honneurs de la cour, soit la généalogie dressée sur lesdites preuves, tom. IV, p. 74 et suivantes de l'*Histoire
héraldique,* publiée par M. de Courcelles, généal. honoraire du roi.

il est donc tout simple qu'en 1235, et aux termes de l'acte de reprise passé dans cette année (*Extr. généal.*, p. 1, ou *Pièces justif.*, cot. A), son fils Gombaut se trouvât en possession des fiefs qui avaient appartenu à son aïeul et à son père (notamment celui de *Asneriis*), et qu'il tenait *sans hommage* du sire de Pons, comme ils les avaient tenus eux-mêmes en qualité de *parageùrs*.

Il est probable ensuite que Geoffroy (IV), frère unique de Renaud II, sire de Pons, mort le 11 juin 1252, est décédé en 1235, et qu'ayant laissé à Gombaut, petit-fils de Renaud l'Ancien, son oncle, quelques droits dans sa succession, dévolue en principal à son susdit frère, cette circonstance aura donné lieu à la *reprise en augment de fief* dont il est question.

Ce qui contribue à le faire croire, c'est qu'on voit au nombre des objets de la *reprise*, le fief de *Sarminières*, auquel se trouvait inhérent *l'hommage* d'un vassal nommé dans l'acte *li Roquat de sancto Sigismondo de* CLARMONT. (*Extr. généal.*, p. 2.) En effet, il paraît certain, d'une part, que ce vassal était l'héritier de Pons ou d'Artaud *de Clermont*, frères utérins de Renaud II et de Geoffroy, qui, en 1200, partagèrent avec eux les biens de leurs père et mère (*Généal. imp. de Pons*, p. 12), et de l'autre que son *hommage* était la suite de celui que les mêmes Pons et Artaud, qui n'étaient point *parageurs* de Pons, durent à Renaud ou à Geoffroy, suivant que leur portion releva de fiefs échus à l'un ou l'autre de ces derniers.

Mais le fief de *Sarminières* n'était pas de ceux qu'en 1200 Renaud s'était réservés, puisqu'on ne concevrait pas à quel titre il s'en serait dessaisi, en 1235, par une *reprise en augment*, ou un *partage*, donc il provenait de Geoffroy, comme nous l'avons dit.

NOTES.

NOTE a.

L'acte en idiome gascon porte : *Gombaut d'Asneyras* DAUDET (damoiseau) DE PONTES, *de la Dyocesa de Xanctonge.* Ce passage a été souligné par M. Chérin, comme tous ceux qui ont rapport à la descendance; l'on peut donc présumer que s'il avait signifié seulement, Gombaut d'Asnières, habitant la ville de Pons en Saintonge, ce soin n'aurait pas été pris. Remarquons au surplus, 1° que dès 1302 (*Extr. généal.*), le même Gombaut est qualifié valet (*écuyer*), titre qu'il prend encore en 1320 (*ibidem*), d'où suit présomptivement que *Daudet,* inséré comme *qualité* dans le contrat intermédiaire de 1317, s'y trouve pour signifier *jeune seigneur* de telle maison (damoiseau est un diminutif de dam, qui signifie seigneur, dit Loyseau, *Liv. des ordres,* p. 50), comme à l'égard de son beau-frère, P. W. de Maumusson (Malomussone de Blavesio), nommé plus bas *damoiseau de Blaye;* ou bien comme dans ces locutions : *damoiseau d'Arthois, de la Marche, de Rhodenat,* etc., qu'on trouve employées de cette façon dans Ragueau, en son glossaire; Jean Froissart, chap. 20, 27, 325; Alain-Chartier, Chronique de Charles VII, etc.; 2° que dès la susdite année 1302, le même Gombaut possédait le fief d'Asnières, devenu son partage (*ibid.*), et par conséquent ne pouvait guère, en 1317, se dire habitant de Pons dans son contrat de mariage; 3° que ces mots : *de la Dyocesa de Xanctonge,* et non pas *en* ou *dans* la, etc., ce qui serait fort différent, ne doivent nullement se rapporter à la ville de Pons, mais font suite, au contraire, à *Gombaut d'Asneyras,* qui se disait du diocèse de Saintes, de même qu'un Parisien se mariant à Bordeaux pourrait se dire de celui de Paris; 4° enfin que le *parage* et dès-lors la parenté selon l'église, durait encore en 1317, puisqu'il n'a pris fin qu'en 1384, date du premier hommage rendu au sire de Pons par Poincy, seigneur d'Asnières.

NOTE b.

Nous avons mis au nombre des preuves de l'ancienne *souveraineté* des sires de Pons, et de leur rang parmi les *barons du royaume,* le droit qu'ils avaient d'amortir *souverainement* les biens que les gens de main-morte acquéraient dans leurs terres; un témoignage irrécusable du fait provient de lettres royaux qu'en 1295 et 1302, Renaud IV, sire de Pons, fut obligé de prendre à cause de la vente qu'au mois de décembre 1280, son père Hélie-Rudel, Ier du nom, sire de Pons, avait faite aux Templiers d'un lieu nommé Sargeac. (*Généal. imp. de Pons,* p. 28.) Pour entendre ceci, il faut se rappeler 1° que dans l'origine tous les *barons de France* jouissaient du droit en question, bien qu'on ait souvent cherché à le leur

enlever, témoin deux ordonnances des rois Philippe-le-Hardi, et Philippe-le-
Bel, des années 1275 et 1291, par lesquelles il était défendu aux justiciers du roi
d'inquiéter *à l'avenir* les églises pour leurs acquisitions dans les terres des *barons
de France,* qui, tant de leur chef que de celui de leurs prédécesseurs, étaient en
possession d'aumôner publiquement et ouvertement des biens-fonds aux églises..... sans avoir demandé sur ce le consentement du roi, etc. « Videlicet quod
senescalli, baillivi, præpositi, vicecomites, et alii justiciarii nostri *cessent* et
abstineant molestare ecclesias super acquisitionibus quas hactenùs fuerunt in
terris baronum nostroŕum (les barons de France), qui et quorum prædecessores.... usi fuisse noscuntur publicè et patenter dare et Elemosinare ecclesiis......
assensu nostro minimè requisito, etc. » (Brussel, *Exam. des fiefs*, tom. Ier, p. 660.)
2° Que le même **Philippe-le-Bel** voulant du moins restreindre ce privilége *régalien* autant qu'il était en son pouvoir, fit suivre presque immédiatement la dernière ordonnance mentionnée, d'une déclaration arbitraire qui, avec certaines
restrictions, ne le reconnaissait plus qu'aux comtes de Flandre, aux ducs d'Aquitaine, et de Bourgogne (pairs); aux comtes de Bretagne, de Nivernais, d'Artois,
d'Anjou et de la Marche (grands-comtes); aux comtes de Blois, d'Auxerre, de
Tonnerre, de Dreux, de Clermont et de Saint-Pol (comtes); enfin aux seigneurs
(sires) de Bourbon, Beaujeu et Coucy, et dès-lors en faisait déchoir les autres
barons immédiats. «Hos, et similis conditionibus, non intelligimus a constitu-
tione exclusos aliquatenùs vel excipi quantumcunque et qualitercunque se et
prædecessores eorum hactenùs usos fuisse prætendant, etc. » (*Ibid.,* p. 667 et
suivantes.)

Les sires de Pons se virent, à ce qu'il paraît, obligés de céder; mais puisque
ce fut postérieurement à ladite déclaration que des lettres royaux devinrent nécessaires pour une aliénation faite en 1280, c'est-à-dire onze années avant elle,
il est bien évident qu'à cette dernière époque le droit existait d'autant plus certainement que saint Louis avait déjà fait à ce sujet (voy. *Brussel, ibid.,* p. 674),
une ordonnance réglémentaire dont on a connaissance, mais qui n'est point venue jusqu'à nous. Or, le *droit d'amortissement* était un droit *régalien,* et même
le plus *régalien* de tous, donc, etc.

Au surplus, l'on peut citer deux autres faits : l'un est la donation que du seul
consentement de sa femme et de ses fils (*Bibl. du Roi;* voy. aussi *Généal. imp.
de Pons,* p. 14), Renaud II, sire de Pons, fit en 1228, aux Templiers et à G.
Rorée, leur grand-prieur en Aquitaine, d'un fief situé dans le ténement d'Ar-
naud-Fabre; l'autre (*Arch. des Cordeliers de Montignac, ibid.,* p. 25), provient
de ce que Marguerite, bisaïeule de Hélie-Rudel, Ier du nom, sire de Pons, ayant
fait une donation aux frères mineurs de Montignac, la seule approbation qui
paraît avoir été nécessaire, fut celle que donna ce dernier par acte du 18 mai
1280.

Quant à l'effet rétroactif qu'eut la susdite déclaration, il est facile de l'expliquer. On a vu par les ordonnances citées, qu'avant leur promulgation, les justiciers du roi inquiétaient les églises pour les acquisitions *déjà faites,* puisqu'il
leur est enjoint de *cesser* leurs poursuites ; mais les sires de Pons n'ayant pas été

compris au nombre de ceux qui conservaient le droit, lesdits justiciers crurent pouvoir reprendre à leur égard les procédures interrompues, du moins quant aux aliénations récentes, car il n'apparaît nullement qu'on soit revenu contre les autres anciens amortissements, légats et fondations dont nous avons parlé ; on peut même regarder comme certain que l'affaire de Sargeac ne se termina pas sans opposition, puisqu'ayant été entamée en 1295, on y revint en 1302.

Il ne sera pas hors de propos d'ajouter qu'une nouvelle preuve de notre *parage*, relativement aux sires de Pons, ressort de ce qui précède. En effet, il vient d'être démontré que, sauf peut-être quelques exceptions, les seuls *barons de France* jouissaient du droit *d'amortir souverainement* et d'aumôner les églises de leur pleine autorité ; 2° que les sires de Pons l'exerçaient avant la déclaration de 1291 ; mais nous en avons usé nous-mêmes en plusieurs circonstances, comme il appert notamment de la *donation* que, sans l'autorisation de personne, Gombaut Iᵉʳ, seigneur d'Asnières, fit, en 1252, à Dieu et au prieuré de Saint-Genis, de *tout le fief de Sarminières* et du *moulin de Tendes* (*Extr. généal.*, p. 1 et 2) ; or, quel était notre titre pour en agir ainsi ? Assurément celui de *parageurs* d'une maison qui avait ce droit, puisque nous n'étions pas *barons de France*, car on se rappelle que les *parageurs* avaient, quant à leur portion, les mêmes prérogatives et franchises que leurs aînés. Dans le cas contraire, comme le fief donné avait été *repris en augment* du sire de Pons par l'acte de 1235 (*Pièces justif.*, cot. B), et par conséquent en relevait, Gombaut n'aurait pu se dispenser d'obtenir son aveu, qu'en ce cas on verrait exprimé dans la donation, attendu que, suivant le principe général de la tenue des fiefs, « il n'était pas permis au vassal d'empirer le fief de son supérieur. »

NOTE c.

—« Il y avait certaines terres relevantes nuement du roi qui étoient réputées *grands-fiefs de la couronne*, quoiqu'elles ne fussent ni duchés ni comtés ; et c'est ce qui s'appeloit *tenir du roi par baronnie*, c'est-à-dire aux honneurs et prérogatives de *barons du royaume*. Telles étoient les terres de *Bourbon*, de *Beaujeū* et de *Coucy*, comme on le verra par la déclaration de Philippe-le-Bel au sujet des amortissements (c'était un droit *régalien*).... au reste il sera prouvé, par plusieurs jugements, ordonnances et traités de nos rois.... que les seigneurs de ces terres non titrées qui étoient tenues de la couronne *par baronnie*, étoient appelés à tous les conseils que le roi convoquoit pour les plus grandes affaires de l'état, et qu'ils y avoient voix délibérative de même que les grands vassaux titrés. » (Brussel, *Exam. des fiefs*, tom. Iᵉʳ, p. 173 et suiv.)

Il est à remarquer, au surplus, que les sires de Pons n'étaient pas absolument dans ce cas, attendu que vicomtes de Turenne et de Carlat, ils possédaient des fiefs de dignité mouvant de la couronne.

—« Nos rois avoient trois sortes de vassaux ou sujets ; les premiers étoient les ducs et les comtes, comme Bourgogne, Aquitaine, Champagne et Flandre ; les vicomtes, comme Narbonne, Chateaudun, Limoges (ajoutez Turenne) ; et les *hauts-barons* (ou sires), comme Bourbon, Coucy et Beaujeu (ajoutez Pons), qui se prenoient *pro viro summo, vel majori Domino....* Ils eurent un domaine particulier *comme les rois,* et s'emparèrent de la souveraineté, à la réserve du dernier ressort. » (La Roque, *Trait. de la Nobl.,* p. 44.)

— La loi somptuaire de 1285 (règne de Philippe-le-Hardi) ne met point de différence entre le duc, le comte et le baron (c'est-à-dire le baron du royaume qui n'avait que ce titre). Voici le texte : « *Item,* li duc, li comte et li baron de 6,000 livres de terre, ou de plus, pourront faire quatre paires de robes par an... et leurs femmes autant. » (*Trésor des chart., Layète ordinat.,* t. I, fol. 227.)

Il faut pourtant convenir que dans la première institution des fiefs, il existait entre les ducs, les comtes, les marquis, et les autres vassaux immédiats, une différence qui, du reste, ne subsista pas long-temps ; c'est ce que va expliquer le passage suivant emprunté à Loyseau. (*Droits des grandes seigneuries,* chap. VI, p. 57.)

« Le premier titre des fiefs porte : Marchio et comes feudum dare possunt, qui propriè Regis aut Regni *capitanei* discuntur ; sunt alii qui ab istis (Rex aut Regnum) feuda accipiunt, qui propriè Regis aut Regni *valvassores* discuntur, sed et hodie *capitanei* appelantur, qui et ipsi feuda dare possunt. »

« Il résulte de ce passage, ajoute le même auteur, qu'au commencement il n'y avoit que les ducs, marquis et comtes qui s'appelassent *capitaines,* n'y ayant aussi qu'eux qui eussent puissance publique, et non les autres seigneurs relevants du royaume, qui étoient simplement appelés *vassaux du royaume,* et non pas *capitaines,* mais à succession de temps, ces simples vassaux immédiats du royaume usurpèrent et le titre et la charge de *capitaines,* de sorte que *tous les vassaux du royaume* furent appelés *capitaines.*

C'étaient donc ceux-là mêmes (tous les vassaux du royaume) que nos anciens livres de l'histoire de France appellent *vassos dominicos seu regios, leudes et fideles regni,* et que les anciens livres français appellent les *barons de France,* etc. »

On doit avouer également que les six hauts seigneurs lais qui, par telle ou telle raison, et dans tel ou tel temps, car cette matière est fort controversée, restèrent en possession du privilége de siéger à la cour du roi, continuèrent de jouir d'une distinction qui, du reste, comme le remarque Vély (tom. II, p. 292), » n'ôta rien de la dignité des anciennes baronnies du royaume, demeurées toujours véritables pairies de France. »

Ce qui suit n'a pas un rapport direct à la question, mais nous avons cru devoir le transcrire parce qu'on pourra voir la différence qui existait entre les *vassaux de la couronne* et les *vassaux du roi,* et d'ailleurs qu'il en résulte un nouvel argument sur ce que nous avons dit des sires de Pons.

« Quand je dis relever immédiatement de la couronne, je n'entends pas relever simplement du roi à cause de quelque duché ou comté réuni à la couronne.... en quoi il y a notable différence, car les vassaux de la couronne ne peuvent rendre les hommages et aveux qu'en la chambre des comptes de Paris...... mais les hommages et aveux des seigneurs relevants du roi à cause de ses duchés et comités, peuvent être rendus par-devant les officiers des lieux dont ils relèvent. » (*Lieu cité.*)

Nota. Les sires de Pons rendaient leurs hommages et dénombrements à ladite chambre des comptes ; plusieurs de ces actes existent encore en original aux archives générales du royaume, où nous les avons vus dernièrement.

NOTE d.

— « Renaud Ier, sire de Pons, n'avoit songé toute sa vie qu'à se faire craindre de ses vassaux et de *ses sujets*... » Renaud II se montra le seigneur le plus généreux et le plus magnifique de son temps selon ses facultés ; cependant il ne prodiguoit pas son argent sans mesure,... mais il mettoit *ses sujets* à même d'en gagner et les payoit largement.

— Renaud (IIe) alloit à son tour chez ses voisins les plus riches, qui ne manquoient jamais de réunir bonne compagnie, pour recevoir un *baron* qui faisait lui-même aux étrangers, et à ses vassaux, les honneurs de sa maison avec autant de grâce que de magnificence.

— Cette démarche des villageois fit connoître à tout le monde leur confiance dans la *debonnaireté* de leur seigneur (le sire de Pons) qui permettoit qu'un jongleur à ses gages servît ainsi aux plaisirs de *ses sujets* de toutes les classes.

— Enfin, le sire de Pons alloit faire partir un serviteur plus jeune... lorsqu'un de ses clercs, qui étoit un saint homme,... s'offrit, etc.... Il lui promit à son retour la meilleure cure de sa *baronnie.*

— Une ambassade, composée d'un *roi d'armes*, d'un héraut et de deux poursuivants d'armes du sire de Pons,... est envoyée au sénéchal de Bordeaux, etc. » (*Tabl. des mœurs franç. au temps de la chev.*, tom. IV, pp. 107, 109, 124, 126 et 127, ouvr. trad. sur un manusc. du quatorzième siècle.)

NOTE e.

Ce fut en 865, sous le règne de Charles-le-Chauve, que Salomon, duc ou comte de Bretagne, se reconnut vassal du roi comme duc de Normandie. L'on sait aussi qu'en 912 Rollon, premier duc de cette province, obtint, de Charles-le-Simple, la mouvance immédiate de la Bretagne, dont les comtes devinrent dès-lors arrières-vassaux de la couronne.

Nous ne parlons pas de ce qu'a pu être la Bretagne avant le neuvième siècle, d'abord, parce que rien n'est moins établi, disons même plus contesté que la prétendue suite des rois bretons et leur souveraine indépendance, témoin ce passage de Grégoire de Tours (lib. IV, c. 4) : « Les Bretons ont toujours été sous la puissance des François après la mort de Clovis, et leurs chefs ont été appelés comtes et non rois. » (Voyez *le Président Hénaut*, tom. Ier, p. 70 ; *les Chroniques d'Eginhart, dom. Bouquet,* tom. VI, p. 178 ; *l'abbé de Vertot ;*

l'Abrég. chronol. des grands fiefs, add. *et correct.,* où il est dit nettement : « Ces princes (les comtes de Bretagne), ne se sont ainsi qualifiés (c'est-à-dire rois) qu'étant rebelles ; ils ne l'étaient pas, etc.); ensuite, parce que le fait en question, fût il aussi certain qu'il l'est peu, ne saurait porter atteinte ni à ce que nous avons rapporté sur les droits souverains qu'exerçaient les *barons de France,* et par conséquent les sires de Pons, ni au poids qu'à l'égard de la présente cause, celle des princes de Rohan peut avoir. M. Clairambault, en effet, n'ayant rien vu au-delà de 1021 qui eût rapport aux comtes de Porrhoët, tige de la maison de Rohan, ou qui rattachât leurs aînés à la dynastie qu'on suppose avoir été royale, n'a pu baser son jugement que sur ce qui existait à cette époque, c'est à savoir la *souveraineté féodale* des comtes de Bretagne et de leurs puînés, laquelle ne différait pas de celle des grands feudataires de la couronne. Personne n'ignore, d'ailleurs, qu'avant l'érection de la Bretagne en duché-pairie, au profit de la branche capétienne de Dreux (1297), nos rois n'ont même jamais tenu ses divers maîtres pour ducs, et dès-lors, ce qui suffit dans l'espèce, n'ont certainement pas reconnu comme *princes de race* les descendants des comtes de Porrhoët, par la raison spéciale que ceux-ci auraient tiré leur origine de véritables rois bretons. (Voy. *en Preuv.,* les act. signés *Clairambault* et *Saint-Florentin,* p. 40 et suiv. du précéd. *Mém.,* notes (1) et (2).)

PIÈCES JUSTIFICATIVES,

Rangées dans l'ordre où elles se trouvent invoquées dans le Mémoire.

A.

Hommages rendus par les seigneurs d'Asnières aux sires de Pons, à partir du premier de tous effectué en 1384.

« Poincy *de Asneriis*, valet (écuyer), reconnut, le samedi avant la fête de saint Grégoire 1384, qu'il tenoit à hommage-lige et achapt (*achapta-mentum*), ou devoir de deux sous à prendre au temps d'hiver sur les fours du moulin d'Asnières (1), de noble et puissant homme monseigneur le seigneur de Pons, le Maynil et arbergement *de Asneriis*, avec ses appartenances, situé proche la ville de Pons.... ; un fief appelé Breuil-*Charla*, situé en la paroisse de Saint-Quentin (*voy.* 1343) ; 34 sous de rente dus aux héritiers de Robert *deAsneriis*, valet, sur lesdits Maynils, et qu'ils tenoient sous sa garantie ; 18 boisseaux de froment, 6 d'orge, 8 ras d'avoine à la mesure de Pons, et 21 sous de rente à lui dus sur le fief de la Faye, en la paroisse de *Jadenis;* 10 sous de rente dus au même Robert ou à ses héritiers sur le même fief, et sous la garantie de lui Poincy ; un fief tenu de lui par les héritiers de Gombaut de *Flayaco* (*voy.* 1285), en la paroisse de Saint-Palais ; le fief de Sarminières et autres. Cet acte passé sous le sceau de vénérable homme messire Pierre, archidiacre de Saintes. (*Orig. en parchemin, signé Arn. Fulcandi, clericus, ita est, et scellé dudit sceau (perdu.)*

— « Séguin d'Asnières, écuyer, reconnut, le 13 février 1430 (2), devant Guillaume Guibert, notaire juré et auditeur de la cour de Pons, qu'il tenoit à foi et hommage-lige et à l'achapt ou devoir de deux sous, du sei-

---

(1) Les actes de 1460 et 1482 ajoutent : «ou une anguille la meilleure qui seroit prise dans la fuerne du môlin d'Asnières. »

(2) « *Voyez* celui de 1384. Ces deux actes établissent le parage de la manière la moins équivoque. *Voyez* encore 1460-1482» (annotation *de M. Chérin écrite à la marge de ce titre, dans l'original même de nos preuves de cour.*)

gneur de Pons, à cause de sa dite seigneurie, le Mayne et l'abergement dudit lieu d'Asnières avec ses appartenances, assis assez près de la ville de Pons.... etc. » (Le reste comme ci-dessus.) (Grosse en papier, signée dudit notaire.)

[EXTRAIT GÉNÉALOGIQUE, DRESSÉ AU CABINET DU SAINT - ESPRIT PAR M. CHÉRIN PÈRE, GÉNÉALOGISTE DES ORDRES DU ROI, SUR LES TITRES MÊMES.]

B.

Acte de partage entre Gombaut de Asneriis et Renaud, seigneur de Pons.

« Gombaut *de Asneriis*, chevalier, reprit en augment de fief, de Renaud, seigneur de Pons, la veille de la feste des apôtres saint Pierre et saint Paul, l'an 1235, le fief de *Sarmiguères*, situé près du moulin de Tendes, le fief qu'il avoit à Plassac et sous Plassac (Placèat dans l'acte), et qu'il ne tenoit d'aucun seigneur, pour lesquels il (Gombaut) ne fut tenu à autre féauté et acapt que ceux qu'il devoit audit seigneur pour les moulins, maisons, *Asneriis*, et autres fiefs qu'il tenoit de lui. (*Copie collationnée le 12 octobre 1767, par M. Guiton, président à Rochefort, sur l'original scellé du sceau du seigneur de Pons, représenté par M. le marquis d'Asnières; signé Guiton, judiciis præses.) »*

[EXTRAIT GÉNÉALOGIQUE, IBIDEM.]

C.

Accord passé entre Arsende de Lusignan, veuve de messire Gombaut de Asneriis, et Guillaume, son fils, par la médiation du doyen de Saintes, et titre correspondant.

« Poncius Dei grâ. Xanton. Decanus, universis præsentes litteras inspecturis, salutem in Domino sempiternam. Noveritis quod cum quæstio verteretur coram nobis super bonis quæ quondam fuerunt domini Gonbaudi de Asneriis, militis, defuncti, inter Arsendis de Lesiniaco quondam uxorem dicti Gonbaudi, ex unâ parte, et Guillelmum de Asneriis, ejus filium, ex altera; super quibus dictis bonis eadem Arsendis se jus habere dicebat, tam nomine dotis, quam nomine oscli, quam ratione legati sibi facti a dicto

Gonbaudo, compositum fuit amicabiliter in hunc modum : videlicet quod dicta Arsendis ad vitam suam tenebit., habebit et explectabit omnia bona dicti Gonbaudi de Asneriis quondam mariti sui, mobilia et immobilia, exceptis domo et feodo de Asneriis, et domo in quâ *Pontus* de Asneriis, miles, avus dicti Guillelmi, morabatur tempore mortis suæ, cum pertinenciis, et est sciendum quod dicta Arsendis non poterit vendere aliquid de prædictis, seu dare, vel aliquo modo alienare, et hæc omnia prædicta et singula in omnibus articulis et singulis capitibus supra dictis, tam prædicta Arsendis, quam Guillelmus filius suus, sponte juraverunt ad sacrosancta Evangelia se servare et nullo tempore per se vel alium contra venire; et ut quæ præmissa sunt, robur obtineant perpetuæ firmitatis, ad preces et petitiones partium, præsentes litteras sigillo nostro sigillavimus, in testimonium veritatis. Actum anno ab incarnatione Domini.... Millesimo.... CC°.... quinquagesimo. »

[Orig. en parchemin appartenant a la Bibl. du Roi, scellé d'un sceau (perdu), cot. 1250, 88.]

— «...... Par ces motifs, nous avons cru devoir accorder le titre de marquis au sieur Jean d'Asnières...., qui nous a donné des preuves d'attachement pour notre personne, et qui s'est distingué par son zèle, à l'exemple de ses ancêtres, dont il nous rapporte en titres originaux et en bonne forme, une filiation suivie. Elle nous annonce de la manière la plus authentique, une origine très-haute et très-ancienne. — *Pontus* d'Asnières, propriétaire du fief d'Asnières en Saintonge, vivait avant l'an 1200; il fut père de Gombaut, seigneur d'Asnières, qui épousa demoiselle Arsende, etc. »

[Lettres-patentes d'érection du marquisat d'Asnières-la-Chataigneraye.]

D.

Actes concernant la fondation de l'Hôpital-Neuf de Pons, et la sépulture des sires de Pons dans cette église.

« Notum sit præsentibus et futuris, quod anno ab incarnatione Domini MCXCI (1191), apostoliæ sedis summo pontifice Celestino, Heliâ Burdegalensi metropolitano, Henrico Xanctonensi episcopo, Philippo rege Francorum, Richardo rege Anglorum, nono kal. mart. factum fuit et constructum in nomine Dei summi, cimisterium *domus novæ helemosinariæ* (Hôpital-Neuf), supra Chausac, juxta Pontem, post diem quâ *sepultus est in eadem domo* dominus Gaufridus *de Ponte*, filius Poncii et Garmasiæ, quo Gaufridus jam dictam domum in honorem Dei et beatæ virginis Mariæ, et beati Joannis apostoli et evangelistæ, et omnium sanctorum, ad recipiendos pauperes Christi et recreandos *fundavit* et *statuit*, terramque mesuram in quâ jam dicta domus sita est, dedit Deo et pauperibus et fratribus domus.... etc. Hanc etiam donationem Reginaldus de Ponte filius prædicti G. cruce signatus, volens ire super Berrucos, approbavit, et prout dominus pater suus dederat, concessit, et ut ratius habeatur sigillum suum apposuit. »

[Bibl. du Roi, cab. des titres, boîte cot. Pons.]

— « In nomine Sànctæ Trinitatis individuæ unitatis Patris et Filii et Spiritus-Sancti, amen. Cum nihil sit certiùs morte, et nihil incertius horâ mortis, et quilibet sanæ mentis cogitare debeat de supremis, nos Reginaldus de Ponte, dominus de Ponte et Brageriaco.... etc. Item eligimus sepulturam nostram *in ecclesia hospitalis nostri novi de Ponte, ubi prædecessores nostri sepeliri consueverunt, etc....* Datum die Jovis, post festam Bartholomei apostoli, anno Domini millesimo trecentisimo secundo (1302). »

[Bibl. du Roi, voir les testaments, p. 326.]

— « Geoffroi V, sire de Pons, chevalier, fit son testament le mardi après la fête de saint Barnabé, apôtre, l'an 1317, choisit sa sépulture *in hospitali novo Sancti-Johannis de Ponte, ubi, dit-il, sunt et consueverunt prædecessores nostri sepeliri, etc.* »

[Bibl. du Roi, vol. III des testam., p. 199 et suiv.]

E.

Actes concernant la sépulture des seigneurs d'Asnières dans l'église de l'Hôpital-Neuf de Pons, puis dans celle de Saint-Martin de Pons.

« Guillaume *de Asneriis*, chevalier, fit son testament le jeudi avant la Pentecôte 1285, sous son sceau, celui du vénérable seigneur Hugues *Vigerii*, archi-prêtre d'Archiac, et de cinq autres, par lequel il institua son héritier Gombaut son petit-fils (*nepotem*), fils aîné de feu Gombaut, son fils aîné ; choisit sa sépulture *dans l'église de l'Hôpital-Neuf de Pons*, au lieu où sa mère étoit enterrée ; fit plusieurs legs pieux, tant pour son âme que pour celle de feu Marguérite sa femme ; légua à Letice sa femme, tant pour sa dot que pour donation à cause de noces, le tiers de tous ses revenus et son arbergement de Gibrant...., et dans le cas où ledit arbergement lui seroit contesté, il lui légua 10,000 sous, etc. (*Orig. en parchemin non signé, scellé de sept sceaux dont il ne reste plus que deux.*)»

— « Gombaut *de Asneriis*, chevalier, seigneur dudit lieu, fit son testament le mercredi avant la fête de saint Grégoire 1327, sous le sceau de vénérable et discret homme Arnaud, archidiacre de Saintes, par lequel il institua son héritier universel Hélie son fils; légua à Alix sa fille 60 livres, et 6 livres de rente sur sa terre de Gibrant; déclara qu'Agnès sa femme étoit enceinte....., lui laissa 40 livres de rente sur sa terre *de Asneriis;* choisit sa sépulture dans *l'église de l'Hôpital-Neuf de Pons;* fit des legs à cette église, à celle de Flayaco (Fléac), sa paroisse, de Chausatz et autres, etc. (*Orig. en parch., scellé dudit sceau (perdu).* »

Observation. Cette disposition est remarquable en ce que le seigneur d'Asnières, au lieu de choisir sa sépulture dans l'église de Fléac *sa paroisse*, voulut être enseveli dans l'église de l'Hôpital-Neuf de Pons, tombeau des sires de Pons. (*Généal. imp.*, p 70.)

— « Agnès *de Masmusso* (Maumusson), relicte (veuve) de messire Gombaut *de Asneriis*, chevalier, seigneur dudit lieu *de Asneriis*, fit son testament sous le sceau de messire Bernard, par la grâce de Dieu, cardinal-prêtre du titre *sancti Ciriaci in termis*, et archidiacre de Saintes, le jeudi avant la fête de saint Pierre-ès-Liens, l'an 1343, par lequel elle institua son héritier universel Hélie son fils; légua à Alix sa fille son Maynil, situé au bourg de Saint-Quentin de Ransanes; choisit sa sépulture dans *l'église de l'Hôpital-Neuf de Pons*, au tombeau de feu Gombaut son fils; fit des legs à l'église de Fléac, à la léproserie de Chausat, etc. (*Orig. en parch., scellé de deux sceaux (perdus.)* »

— « Séguin d'Asnières, écuyer...., consentit, le 13 avril 1443, un accord avec le prieur et les religieux de Saint-Martin de Pons, par lequel il s'engagea, etc...... *Et attendu que les prédécesseurs dudit Séguin d'Asnières avoyent anciennement leurs sépultures en une chapelle de ladite église de Saint-Martin, appelée Infernet, laquelle chapelle ès long-temps a tumbée en ruyne et en desert, ils* (le prieur et les religieux) *lui donnerent une autre sépulture au sépulchre de Notre-Dame de ladite église*, etc. Cet acte passé devant Guillaume Guibert, notaire juré et auditeur de la cour de Pons. (*Grosse en parchem., signée dudit notaire.*) »

Observation. Le passage ci-dessus a été souligné par M. Chérin, parce que le mot *anciennement* qu'on y lit ne pouvant comprendre moins de 100 ans, ce changement de sépulture coïncide nécessairement avec la fin naturelle du *parage*, effectuée peu après 1344, par la mort de Gombaut IV, dernier *parageur*, et par conséquent fortifie la preuve dudit *parage*.

[Extrait généalogique cité plus haut.]

F.

Fragment de contrat avec titre à l'appui.

« Gombaut d'*Asneyras, daudet* (damoiseau), *de Pontes, de la dyocesa de Xanctonge,* épousa par traité (en idiome gascon), passé le 26ᵉ jour de l'entrée du mois de mai 1317, devant Ramond Manhun, notaire, Agnès, sœur d'*En* (noble), P. W. de Maumusson, *Daudet* de Blayes; elle y fut assistée de sondit frère, etc..... (*Orig. en parchem., signé de la marque dudit notaire.*) »

— « Messire Gombaut *de Assineriis,* chevalier, seigneur *de Assineriis,* étoit mort le dimanche avant la fête de saint Jacques, apôtre, l'an 1334, que dame Agnès sa relicte, transigea avec Hélie leur fils, en présence de Pierre-Guillaume de *Malomussone de Blavesio* (Blaye), damoiseau, son frère. Par cet acte Hélie s'engagea à lui payer 20 livres de rente, par tiers, en blé, en vin et en deniers, et 20 livres de rente en deniers sur des lieux compétents *in Pontesio.* Cet acte passé, etc. (*Orig. en parchem., scellé de deux sceaux (perdus.)* »

[Même extrait généalogique.]

G.

Actes servant à prouver que la seigneurie de la Chapelle avait été tenue en parage des sires de Pons.

« Jehan d'Asnières, écuyer, seigneur dudit lieu, de Boys, de la Chapelle, Fayolles et Saint-Palais, demeurant en son lieu noble et maison d'Asnières, paroisse de Belleure, chastellenie de Pons, fit son testament en sadite maison noble, le dernier janvier 1560, devant du Puys, notaire à Pons, par lequel il demanda à être inhumé au *cueur* de l'église de Saint-Pierre de Boys, au tombeau de feu son père; confirma la donation qu'il avoit faite à Duch, le plus jeune de ses fils, du lieu et fief noble, terre et seigneurie d'Asnières, en faveur de son mariage et pour tous droits paternels et maternels; légua à François, son fils aîné, pour le récompenser de ce qu'il pouvoit prétendre sur ledit lieu d'Asnières, les trois enclaves de terre qu'il avoit acquises près de sa maison et lieu noble de la Chapelle; à François, son second fils, la maison, grange et autres bâtiments et meubles de sa métairie de Bonlieu, et plusieurs pièces de terre, pour par lui les tenir noblement, en contribuant *prorata à l'hommage de la terre et sei-*

gneurie de la Chapelle, HORS DE PARAGE... , etc. *(Grosse en parchemin, signée dudit notaire.)* » (*Voyez* l'acte suivant.)

[IBIDEM.]

H.

« Noble homme Jehan d'Asnières, écuyer, seigneur de la Chapelle, fit,
le 14 juin 1483, un échange avec très-noble et puissant seigneur Guy, seigneur de Pons, par lequel ledit seigneur lui abandonna plusieurs pièces de
terre dépendantes de l'hostel de la Chapelle, lequel hostel *lui et ses prédécesseurs ont tenu de toute ancienneté* dudit seigneur de Pons, à hommage-lige et au devoir de quatre chapons blancs; et en contre-échange il
céda audit seigneur différentes pièces de terre en fié, situées dans la paroisse de Pérignac et ailleurs, sous la réserve de ce que Séguin son père
avoit donné en mariage à Jehanne sa fille, dans la paroisse de Montils, et
encore sous la réserve de l'aveu et hommage pour ce que le seigneur de
Vallade et d'Agonnay tenoit de lui en arrière-fief. Cet acte passé au chas-
teau de Pons, devant Mahé, notaire, sous le sceau de la cour de Saintes.
(Grosse en papier, signée dudit notaire.) »

[IBIDEM.]

OBSERVATION. Cet acte prouve, entre autres choses, que la tige-mère de
Pons et la branche d'Asnières possédaient par indivis les terres de la Chapelle et de Pérignac, cette dernière appartenant aux sires de Pons *(voy.*
p. 8, 12, 17, 19, etc. *de leur généal. impr.)*, ou du moins qu'après leur
partage elles y conservèrent respectivement quelques biens-fonds; nouvelle marque d'ancien *parage*, car en Saintonge *(voy. l'Encyclop.* au mot
Parage), la jouissance indivise d'un même fief s'en trouvait toujours une
condition. *(Généal. impr.,* p. 76.)

I.

*Fragment de l'acte d'hommage rendu par Renaud VI, sire de
Pons, en 1365, et servant encore à prouver le parage des seigneurs d'Asnières.*

« Sachent tuit (tous) que je Reignaut, seigneur de Pons, tiens et ad-
vohe moy tenir de très-excellent prince monseigneur le prince d'Aquitaine.
à cause du comté de Poitiers, à foy et hommage-liege, tant pour moi que
pour mes pa^geurs (parageurs) et frantz garimentz, pour mes hommes et

subgiez, le chastel de Pons avecques la ville et chastellenie, et les forteresses de Chastel-Reignaut et de Ransanne, etc., etc..... Donné le lundi avant la feste de la Pentecôte, l'an mil CCC soixante-cinq. » *(Trésor des Chartes, boîte cot. chart. mêlées.)*

Observation. L'extrait généalogique témoigne, ainsi qu'il a déjà été dit, que le *parâge* des seigneurs d'Asnières, n'ayant pris fin qu'en 1384, date du premier hommage rendu au sire de Pons par Poincy, durait encore à cette époque (1365), et qu'outre le fief d'Asnières qui relevait de Pons, les mêmes seigneurs en possédaient un autre nommé Saint-Quentin-de-Ransanne; or, puisque, d'une part, l'acte précédent reconnaît des *parageurs* au sire de Pons lorsque le *parage* des seigneurs d'Asnières subsistait, et de l'autre, qu'il nomme deux des seigneuries où étaient situés leurs fiefs, il est permis de conclure que ces mots, *mes parageurs*, désignaient lesdits seigneurs d'Asnières, sans toutefois prétendre qu'ils fussent les seuls cadets apanagés, bien que, par la généalogie de Pons, l'on puisse conjecturer qu'alors il n'en existait pas d'autres.

J.

Lettre officiellement adressée le 13 février 1767, par M. de Beaujon, généalogiste des ordres du Roi, à M. de Béringhen, premier écuyer.

« M. le comte de Pons m'a fait l'honneur de me communiquer ses titres; mais ils sont en si grand nombre que mes occupations ne me permettent pas d'y donner le temps qu'exige leur examen, et je me vois obligé de différer jusqu'à l'été prochain. D'ailleurs, vous êtes trop instruit, Monsieur, pour ignorer combien il est susceptible de la grâce qu'il demande : sa maison a un caractère de grandeur dont on trouve peu d'exemples dans nos meilleures maisons. On voit, entre autres faits, que Renaud II, sire de Pons, fut compris au nombre des *barons du royaume*, dans le catalogue qui en fut dressé par ordre du roi Philippe-Auguste, et que son fils (lisez son petit-fils) épousa l'héritière de la maison de Bergerac, qui lui apporta en dot Bergerac, Blaye, Riberac, Gensac, et une partie de la vicomté de Turenne. Cette alliance acheva de donner à cette maison un tel degré de puissance, que nos rois et les rois d'Angleterre se disputoient à l'envi l'avantage de l'attirer à leur parti, et qu'elle fut plus d'une fois *médiatrice* entre ces souverains. Ce fut aussi ce degré de puissance qui mit Renaud VI du nom, sire de Pons, en état de conquérir sur les Anglois les villes de

Coignac, Royan et autres places (1), ce qui lui mérita de la part du roi Charles VII l'éloge de père, protecteur et conservateur de la province de Guyenne. D'après ce que je viens d'avoir l'honneur, Monsieur, de vous rapporter, il paroît presque inutile de vous rappeler qu'Antoine, sire de Pons, capitaine des cent gentilshommes de la maison du roi, fut nommé chevalier de l'ordre du Saint-Esprit à la première promotion, parce qu'il est assez naturel de penser que le roi Henri III, voulant composer cet ordre de l'élite de la noblesse du royaume, ne différa pas d'y associer un sujet d'une aussi illustre maison. Mais ce qui la rend encore plus intéressante, est la gloire qu'a eue l'auteur de la branche de M. le comte de Pons, d'avoir formé l'un de nos meilleurs et de nos plus grands rois, ayant eu l'honneur d'être gouverneur du roi Henri IV; vous devez juger, Monsieur, des grands faits que j'aurai à rapporter dans le mémoire que je me propose d'avoir l'honneur de vous envoyer dans la suite; mais ceux que je viens de vous rappeler suffiront sûrement pour porter S. M. à accorder à M. le comte de Pons la grâce qu'il sollicite. »

[Extrait des registres originaux encore existants du cabinet du Saint-Esprit, t. II, p. 409. Archives de M. le chevalier de Courcelles, généal. hon. du roi.]

K.

Justifications des alliances qu'a procurées la maison de Montmorin.

« François de Montmorin, seigneur de Saint-Hérem, vicomte de Clamecy...., gouverneur de la haute et basse Auvergne....., épousa, le 12 février 1526, Jeanne de Joyeuse, dame de Bothéon, cousine issue de germain, par Jeanne de Bourbon-Vendôme son aïeule, d'Antoine de Bourbon, roi de Navarre, de Louis de Bourbon, prince de Condé, et de Catherine de Médicis, reine de France, alliance qui prépara à ses descendants l'avantage d'appartenir à des degrés prochains aux rois François II, Charles IX, Henri III et Henri IV, et à plusieurs princes et princesses de la maison royale. »

[Extrait des preuves faites, le 6 décembre 1772, par le marquis de Montmorin, lieutenant-général des armées, gouverneur de Fontaine-

---

(1) Les sires de Pons conservèrent et réunirent à leur domaine presque toutes ces conquêtes, comme on le voit par leurs hommages et dénombrements, existant en original aux archives générales du royaume.

bleau, etc., pour être admis dans l'ordre du Saint-Esprit, p. 42. Orig. signé duc de Noailles, Rochechouart et Chérin. Voir aussi le père Anselme, t. VIII, p. 812, Généal. de François-Gaspard de Montmorin, grand-louvetier de France.]

— « Contrat de mariage..... de haut et puissant seigneur messire François-Gaspard de Montmorin, chevalier, marquis de Saint-Hérem...., avec demoiselle....., de l'autorité, permission et en présence de la reine, et aussi en présence de leurs *parents*, savoir, de la part dudit futur époux, de messire Guillaume de Montholon....., de très-haut, très-puissant et très-illustre prince monseigneur *Louis de Lorraine*, duc de Joyeuse, etc. »

[Ibidem, p. 35.]

— « La femme de Thomas, seigneur de Montmorin, fut Algaye de Narbonne-Talleiran, dont la 4ᵉ aïeule fut Sancie, fille de Garcie-Ramire, roi de Navarre. »

[Ibidem, p. 39.]

— « Geoffroy, seigneur de Montmorin...., ayant été fait prisonnier par les Anglois, Jean Iᵉʳ, comte d'Auvergne, pour l'aider à payer sa rançon, lui donna le revenu de deux terres, par lettres de l'année 1382, dans lesquelles il le qualifie de *cousin*. »

[Ibidem, p. 40.]

L.

Fragment manuscrit, communiqué par M. l'abbé de l'Espine, conservateur à la Bibliothèque du Roi, et servant d'introduction au recueil de ses matériaux sur la maison de Pons.

« Le premier seigneur propriétaire du château et seigneurie de Pons qu'on ait trouvé jusqu'à présent dans les titres, est Guillaume, vicomte d'Aunay, qui donna, l'an 1067, du consentement de Cadélon, son fils, à l'abbaye de Saint-Florent de Saumur, l'église de Saint-Martin de Pons, avec les dixmes voisines, les terres, la viguerie, la juridiction, et tous droits de coutume sur les biens énoncés, et la chapelle de la Vierge qui étoit au-dessus de la porte du château de Pons. Le vicomte d'Aunay dit, dans la charte qu'il fit expédier à ce sujet, qu'il a fait cette donation avec ses habitants de Pons *(cum oppidanis nostris)*, et qu'il a voulu qu'elle fût confirmée par ses *princes*, par ceux qui servoient à la guerre avec lui, et qui le servoient lui-même comme ses chevaliers.... *ego igitur Willelmus, vice-*

*comes de Odenaco, dedi et concessi vicariam et omnem consuetudinem.....
volui igitur hanc cartam manu propriâ firmari, et à principibus nostris
et commilitonibus atque michimilitantibus corroborari. (Liv. noir, de
Saint-Florent, fol.* 84 *);* c'est pourquoi il l'a fait d'abord signer par ses
princes : c'était Guy, surnommé Geoffroy, et nommé aussi Guillaume,
comte de Poitiers et duc de Guyenne, son seigneur, et Foulques, comte
d'Angoulême, dont il était aussi vassal, parce que Guillaume V, duc de
Guyenne (comte de Poitiers), avait donné à Guillaume II, comte d'Angoulême, la mouvance de la vicomté d'Aunay; il fit aussi signer cet acte
par ses vassaux et ses chevaliers, et les premiers qui signèrent en ce rang
furent Renaud de Pons et Guillaume son neveu..... D'après toutes ces circonstances, il est évident que le vicomte d'Aunay agissait comme ayant la
pleine propriété et l'actuelle possession de la seigneurie de Pons, et ce ne
serait pas sans quelque fondement qu'on supposerait que la maison de
Pons était issue de quelques-uns de ses collatéraux.

Il y en a d'autres qui prétendent que ce ne sont pas les vicomtes d'Aunay, mais les ducs de Guyenne (comtes de Poitiers) qui doivent être re-
gardés comme les plus anciens seigneurs de Pons; une charte, à la vérité,
postérieure de 16 ans à celle qui fut donnée par le vicomte d'Aunay, semble
devoir faire juger, en effet, que la seigneurie de Pons et son château appartenaient anciennement aux ducs de Guyenne, comme comtes de Saintonge. Il y est dit que Guy, comte de Poitou, donna aux religieux de Saint-
Florent la chapelle du château de Pons avec toutes ses appartenances,
laquelle avait été anciennement *son alleu.....* (1). *Notum sit successoribus
nostris, quod Wido, comes Pictavensis, donavit Sancto-Florentino et ejus
monachis, capellam castri quod Pons dicitur, cum omnibus eadem perti-
nentibus..... quæ alodus ejus ab antiquo fuerat, etc. Actum anno ab incarnatione Domini M. LXXXIII* (1083)*, mense Junio, feriâ quintâ in via
quæ est inter Maliacense monasterium, et Fontanetum castrum Savarici
vicecomitis, etc.*

On pourrait (d'après cela) regarder comme certain que les comtes de

---

(1) « Alleu vient de lotir pour partager. »(La Roque, *Trait. de la Nobl.,* p. 86.)
Dans le titre 62 de la loi salique, alleu est pris pour les biens héréditaires, patri-
moniaux qu'on reçoit de ses pères, et souvent *alode* et *patrimonium* sont employés
comme synonymes. (Voy. *le Glossarium salicum* de Chifflet.)

Les vicomtes d'Aunay possédant donc un ancien *alleu* des comtes de Poitiers,
il est à croire que cette propriété leur était venue aussi au moyen de quelque partage qui alors, joint à ce que la vicomté d'Aunay relevait du comté de Loitou,
serait une forte présomption de consanguinité.

Poitou, ducs de Guyenne, avaient été anciennement propriétaires du château et seigneurie de Pons, comme de la chapelle du château, et que dans la suite ils avaient inféodé (ou peut-être simplement cédé) ce château et cette seigneurie à quelque seigneur particulier (sans doute le vicomte d'Aunay; *voyez* Besly, Hist. des Comtes de Poitou, p. 79), se réservant néanmoins la disposition de cette chapelle, supposition qui explique nettement le sens de la charte rapportée plus haut. On a jugé nécessaire de donner quelque étendue au développement des faits qui regardent l'origine et l'ancienneté de la seigneurie de Pons, parce que ce sujet n'a jamais été approfondi, et qu'il est resté jusqu'à présent généralement ignoré.

[COPIÉ SUR L'ORIGINAL.]

FIN